成长与养成

——成长的旋律

八年级

青岛市教育科学研究院 编

山东教育出版社

图书在版编目（CIP）数据

成长与养成：成长的旋律．八年级 / 青岛市教育科学研究
院编．— 济南：山东教育出版社，2020．4
（青岛市精品校（园）本课程系列丛书）
ISBN 978-7-5701-1042-1

Ⅰ．①成…　Ⅱ．①青…　Ⅲ．①素质教育—初中—教学
参考资料　Ⅳ．①G631

中国版本图书馆CIP数据核字（2020）第053629号

QINGDAOSHI JINGPIN XIAO（YUAN）BEN KECHENG XILIE CONGSHU
CHENGZHANG YU YANGCHENG——CHENGZHANG DE XUANLV BA NIANJI

青岛市精品校（园）本课程系列丛书

成长与养成——成长的旋律　八年级　　青岛市教育科学研究院　编

主管单位：山东出版传媒股份有限公司
出版发行：山东教育出版社
　　　　　　地址：济南市纬一路321号　邮编：250001
　　　　　　电话：（0531）82092660　　网址：www.sjs.com.cn
印　　刷：山东泰安新华印务有限责任公司
版　　次：2020年4月第1版
印　　次：2020年4月第1次印刷
开　　本：787 mm×1092 mm　1/16
印　　张：5.25
字　　数：84千
定　　价：20.00元

（如印装质量有问题，请与印刷厂联系调换）印厂电话：0538-6119313

总序

习近平总书记在2018年全国教育大会上强调，要努力构建德智体美劳全面培养的教育体系，形成更高水平的人才培养体系。要把立德树人融入思想道德教育、文化知识教育、社会实践教育各环节，贯穿基础教育、职业教育、高等教育各领域，学科体系、教学体系、教材体系、管理体系要围绕这个目标来设计，教师要围绕这个目标来教，学生要围绕这个目标来学。凡是不利于实现这个目标的做法都要坚决改过来。

青岛市教育科学研究院以学校课程建设与实施为抓手，围绕课程教材体系和人才培养体系建设目标，从学校和一线教师开发的校本课程中，精选出部分基于学生核心素养提升的课程成果，组织开发建设了超过1000门精品学校课程。在邀请国内知名课程专家进行专业指导，引领学校实践验证、完善优化和提炼提升的基础上，通过网上精品课程超市、课程建设现场会、新闻媒体和专业报刊系列报道、课程成果推介会、专家论证会等形式，广泛宣传、推介和展示学校的优秀课程成果，引导社会、学校、教师和学生共享优质课程资源，从而使所提供的校本课程资源真正意义上成为国家课程、地方课程的有益补充，为学校文化建设、学校特色创建、学生个性发展和区域教育均衡发展搭建了相互学习与借鉴的平台，也为区域推进学校课程建设提供了案例和典范。

青岛市精品校（园）本课程系列丛书的面世，是青岛市高效推进学校课程建设与实施的有力佐证，也是我国课程改革深入推进的重要成果之一，是贯彻落实《中共中央国务院关于深化教育改革，全面推进素质教育的决定》，落实国家课程、地方课程和校本课程三级课程管理体制，赋予地方和学校更大的课程决策权的典型实践案例。通过共享精品课程资源的学习，帮助学生形成其终身发展和社会发展需要的必备品格和关键能力，提升学生的个人修养、社会关爱和家国情怀，实现自主发展、合作参与和创新实践；同时也为一线从事校本课程开发建设和实施的广大教师打开了一扇新的窗户。

青岛市在解决"培养什么人、怎样培养人、为谁培养人"根本问题，全面推进教育现代化，全面提升教育教学质量方面又迈出了可喜的一大步。

教育部课程教材研究所　田慧生

2018年12月

前言

　　教育部在《关于全面深化课程改革落实立德树人根本任务的意见》中提出了"核心素养体系"这一概念，并将其置于深化课程改革，落实立德树人目标的基础地位，"核心素养"成为我国基础教育改革的关键和灵魂。

　　本课程积极适应基础教育改革的新要求，根据八年级学生的需要，紧紧围绕思想政治学科的核心素养，着眼于学生应具备的、能够适应终身发展和社会发展需要的必备品格和关键能力，为学生进入社会奠定扎实的基础。

　　一是强化政治认同，培养有立场的中国公民。本课程第三单元"厉害了，我的国！"从"我身在处即是中国"开始，分析中国护照故事背后的实质，使学生初步感受到国家的发展和强大。接着，"'一带一路'助推梦想"和"中国文化惊艳世界"两课让学生进一步认识到中国正走近世界舞台的中央，一个蓬勃发展的东方大国，正在不断显示出强大的生命力和独特的制度优势。在此基础上，最后一课"让世界感受中国温度"，帮助学生正确认识我国的外交政策和中国特色的大国外交理念。从而增强学生作为中国人的自豪感、成就感和热爱祖国、建设祖国的壮志情怀，让政治认同落地生根。

　　二是弘扬科学精神，培养有思想的中国公民。本课程以科学精神为指向，将科学精神所倡导的思想性贯穿全册教材，设置了"探究与分享"栏目和"展现思维""深化思维""拓展思维"等不同层次的问题，引导学生形成全面、准确、深入的思考。从展现思维的角度来说，只有通过对于现实社会生活的质疑，学生才能呈现蕴含在生活案例之中的思维困惑，进而通过反思，将自己的生活困惑变成具有普遍意义的理性思考。只有让学生将自己的思维困惑充分展现出来，才能让他们在展现思维困惑的过程中呈现教师教学需要关注和重视的"基本点"。从深化思维的角度来说，通过不断追问，我们可以让学生对于相关问题的认识，从浅层和表面到深层和内部，从泛泛而谈的粗浅认识到切中要害的本质把握。从拓展思维的角度来说，只有通过质疑与反思，学生才能实现"由此及彼"的思维扩展，实现从已知到未知、从个别到一般的提升过程。

三是落实法治意识，培养有尊严的中国公民。本课程的第二单元"法律为生活护航"从法律的起源和发展入手，帮助学生理解法律是适应社会需要和发展的。第二课"防范欺凌暴力"和第三课"法网恢恢，E网不漏"，围绕与学生切身利益相关的法律问题进行探究。最后一课"体验'模拟法庭'"，引导学生通过参与模拟法庭活动，体会法律的公正和尊严，做知法、守法、护法的好公民。

四是实践公共参与，培养有担当的中国公民。情感体验和道德实践是最重要的道德学习方式，一个人思想品德的养成是一个长期的习得过程，为此，本课程每一课都设立"探究学苑"栏目，并且在第一单元中，用一个单元的篇幅，引导学生体验践行。第一单元"让我们的家乡更美好"包括四课：第一课"丰富研学体验"，引导学生游中有学，学中有游，在研学旅行中丰富履历，增长才干。第二课"领略蓝色经济"，让学生了解青岛"蓝色经济"发展状况，感受改革开放以来青岛蓝色经济的发展带来的社会变化。第三课"走进公益课堂"引导学生了解参加公益活动的方式和途径，积极参与公益活动。第四课"'小公民'解决大问题"，引导学生关心国家和社会的进步，关注人类与环境的和谐发展，从而形成积极的人生态度，成长为有责任、有担当的小公民。

本册教材充分挖掘了岛城特色和资源，关注生命、生活、生本、生态，鼓励学生在实践中进行积极探索和体验，注重培养学生的综合能力和学科素养，有鲜明的时代特色和积极健康的价值导向，从而唤醒学生心灵，引领生命成长，为学生的终身发展奠基。

编者

2020年4月

目 录

◆第一单元◆

让我们的家乡更美好

　　爱，缘自出生时第一眼见到的碧海蓝天，童年嬉戏的绿树荫，寒冬飘落的小雪花。爱她，有如爱自己的母亲，无论她富足或是贫瘠，无论她美丽或是丑陋。

　　作为中学生，你了解家乡吗？你知道家乡的发展吗？让我们一同携手，用实际行动表达对家乡的挚爱。

第一课
丰富研学体验

2017年清明节期间，青岛某校开展了"魅力潍坊"主题研学旅行，500余名师生分两批赴潍坊开展研学旅行。

学校组织学生走进德国建筑群"坊茨小镇"和中国北方古典袖珍园林"十笏园"，了解德国建筑与中国园林的不同风格。走进杨家埠民间艺术大观园，参观风筝和年画博物馆，大家学会了印制生肖木板年画。到坊子炭矿博物馆参观，并深入到地下175米的矿井，感受煤矿工人师傅劳动的艰辛。走进陶瓷博物馆，看到精美的国宴陶瓷用品、国礼陶瓷，同学们流连忘返，被陶瓷文化的独有魅力所震撼。

你参加过哪些研学旅行？你能说出研学旅行活动的意义吗？

游中有学　学中有游

中小学生研学旅行，是由教育部门和学校有计划地组织安排，通过集体旅行、集中食宿方式开展的研究性学习和旅行体验相结合的校外教育活动，是学校教育和校外教育衔接的创新形式，是教育教学的重要内容，是综合实践育人的有效途径。

《教育部推进研学旅行意见》中指出：深入学习贯彻习近平总书记系列重要讲话精神，秉承"创新、协调、绿色、开放、共享"的发展理念，落实立德树人根本任务，帮助中小学生了解国情、热爱祖国、开阔眼界、增长知识，着力提高他们的社会责任感、创新精神和实践能力。

相关链接 》》

国家教育部基础教育一司司长王定华在第十二届全国基础教育学校论坛上首先提出了研学旅行的定义：学生集体参加的有组织、有计划、有目的的校外参观体验实践活动。研学旅行具有以下特点：

第一，校外安排的一些课后兴趣小组、俱乐部的活动，如：棋艺比赛、校园文化等，不符合研学旅行的范畴。

第二，有意组织。就是有目的、有意识的，作用于学生身心变化的教育活动。

第三，集体活动。以年级为单位，以班为单位，乃至以学校为单位进行集体活动，同学们在老师或者辅导员的带领下一起活动，一起动手，共同体验，相互研讨。

第四，亲身体验。学生必须要有体验，而不仅是看一看、转一转，要有动手的机会，动脑的机会，动口的机会，在一定情况下，应该有对抗演练，逃生演练，应该出点力、流点汗，乃至经风雨、见世面。

——摘自中国研学网

开展研学旅行对学生意义深远，有利于激发学生对党、对国家、对人民的热爱之情，促进学生培育和践行社会主义核心价值观；有利于满足学生日益增长的文化需求，从小培养学生文明旅游意识，养成文明旅游行为习惯；有利于引导学生主动适应社会，促进书本知识和生活经验的深度融合；有利于推动创新人才培养模式，全面实施素质教育。

探究与分享 》》

　　某校结合学科特点开展了系列研学旅行活动。结合生物学科，开展"科学饮食，健康生活"调查体验活动，引导学生设计营养早餐、午餐食谱；结合音乐学科，组织学生参与"铿锵鼓乐行，相约中国梦"首届中国青少年优秀管乐队展演活动；结合历史学科，带领学生走进传统民居，了解民间民俗文化以及建筑雕刻艺术。

　　请你结合生活实际，设计一次研学旅行活动方案。

小快板：《夸青岛》

　　小竹板，敲起来，我们大步走上台。走上台，来干啥？来把咱家乡青岛夸。说青岛，这个道青岛，青岛的风景真叫好，碧海蓝天海鸥飞，红瓦绿树建筑美。小青岛和栈桥，飞跨海面真奇妙，外国游客竖拇指，大声喊道："Qingdao，very good！"

　　汇泉湾，更好看，鲁迅公园海边建。浪花礁石水花飞，吸引游客千千万，千千万！水族馆、博物馆、中山公园、八大关，小鱼山上登高望，岛城美景在眼前，在眼前！

　　哎哎，打竹板，这个往东看，一道美丽的风景线，雕塑园、海洋馆，极地海洋世界笑声欢，笑声欢！石老人、金沙滩，天下聊斋出崂山。五四广场更壮美，五月红风处处吹。如诗如画如仙境，中外游客齐声赞。

我爱青岛的山和水，越夸越觉家乡美，叫声同学快快长，建设青岛做栋梁。让岛城未来宏图展，让海上明珠更耀眼。百年奥运扬风帆，青岛的明天更灿烂，更灿烂！

请搜集并交流有关青岛自然风光和人文故居的图片、文章和歌曲。

研学旅行在家乡

青岛被誉为"东方瑞士"，简称青，旧称"胶澳"，别称"琴岛""岛城"。作为重要的沿海中心城市和国家历史文化名城，青岛日益成为幸福宜居城市、滨海度假旅游城市、新一线城市、国际性港口城市。

以上是青岛的什么风景区？青岛还有哪些优美宜人的风景区？

青岛是中国东部沿海地区重要的交通枢纽和海外游客进出中国的主要口岸，作为美丽的海滨城市，青岛被评为中国首批优秀旅游城市。

崂山、栈桥、石老人、八大关、海水浴场、"小青岛"……一个个美丽的景点令人心旷神怡，一片片优美的风景展现着青岛优雅的风姿。

早在20世纪20年代，青岛就成了中国著名的旅游胜地。红瓦绿树的前海海滨、优雅清丽的城市风景、起伏跌宕的海上崂山、具有欧陆风格的多国建筑，中西合璧，山、海、城相融，使青岛成为中国最优美的海滨风景带和海内外著名的休闲、观光、度假、会展目的地。

相关链接 》》

青岛是著名的旅游胜地，目前有青岛海滨风景区、崂山风景区、青岛海底世界、极地海洋世界、青岛啤酒博物馆、青岛海军博物馆、青岛海尔科技馆等风景名胜区，并且拥有石老人、田横岛、凤凰岛、琅琊台等多个旅游度假区。

青岛还有众多的旅游节庆活动，如一年一度的青岛国际啤酒节、中国国际消费电子博览会、青岛海洋节、青岛国际时装周、青岛金沙滩文化旅游节、"海之情"旅游节等。

以上是青岛的什么历史建筑？青岛还有哪些历史古迹？

青岛是国家历史文化名城，拥有琅琊台遗址、青岛八大关近代建筑、大泽山石刻及智藏寺墓塔林、青岛德国建筑、崂山道教建筑群、西沙埠遗址、青岛啤酒厂早期建筑、即墨古城遗址、三里河遗址、东岳石遗址等国家重点文物保护单位，天主教堂、康有为墓、朝连岛灯塔、遇真宫等省级文物保护单位，还有湛山寺、天后宫、太清宫等市级文物保护单位。

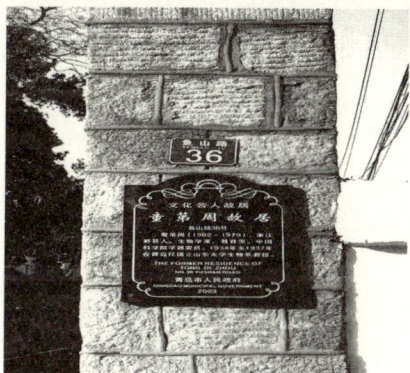
童第周故居

束星北故居

梁实秋故居

沈从文故居

20世纪二三十年代，众多文化名人齐聚青岛，在青岛这座美丽的城市留下了足迹，众多名人故居也因此成为青岛的一条靓丽的风景线。

阅读感悟 》》

青岛是一座古老而又年轻的历史文化名城。青岛的历史可以追溯到五六千年前的石器时代，南阡文化遗址、三里河文化遗址等集中反映了这方面的信息。说其年轻，是指青岛的城市建置始自清末的1891年，至今不过百余年，远无法同许多城市相比。

城市的成长与中国近代历史进程密切相关，青岛能够光荣地进入历史文化名城的行列，是凭借其远古以来尤其是近代以来所具有的丰富的历史底蕴和文化遗产。青岛的文化名人故居是青岛得以成为历史文化名城的精神财富之一。

近代以来，许多历史要人和文化名士到过青岛，留下许多文化名人故居和不朽的宏文佳作，青岛山下的百花苑文化名人雕塑园为20名已故青岛籍或客居青岛成就卓著的文化名人塑立雕像，他们的业绩是不可磨灭的，他们无愧为国家历史文化名城的财富。

青岛名人故居为青岛带来了怎样的影响？

探究学苑 〉〉〉

请你与同学合作设计一份青岛研学旅行路线，从自己的学校出发，涵盖青岛的自然风光、特色建筑、历史遗迹、名人故居等，并说明选取这条路线的意义以及研学内容。

第二课
领略蓝色经济

海水里也能产稻米？没错！

2017年5月7日，青岛海水稻研究发展中心揭牌仪式在青岛国际院士港举行，这标志着青岛的盐碱地变身良田的步伐又向前迈进了一步。"世界杂交水稻之父"袁隆平院士介绍，他将带领团队利用三年时间，在青岛海水稻研发中心培育出可推广种植的海水稻品种。

经过研发人员半年的精心培育，2017年9月28日，位于李沧的青岛海水稻研发中心迎来评测，海水稻每亩产量最高为620公斤，远超当初300公斤的目标，袁隆平说这个结果是优秀的。

你能说出海水稻研发成功的重要意义吗？你了解以海洋为依托的蓝色经济吗？

话说蓝色经济

蓝色经济，狭义上也称海洋经济。主要包括滨海旅游业、海洋服务业、海洋交通运输业、海洋渔业、海洋船舶工业、海洋油气业。

为什么许多沿海国家和地区都把开发海洋资源、发展海洋经济作为重要的战略方向？随着经济社会的快速发展，陆地资源日渐枯竭，人类必须寻求可供长足发展的新资源与更加广阔的发展空间。于是，越来越多的国家开始向太空、地下空间、海洋国土拓展新的发展空间。

中国是历史上开发利用海洋资源最早的国家之一，我国拥有辽阔的海洋国土，大力推进海洋经济发展，对于我国未来的发展具有深远意义。

相关链接 >>

青岛市蓝色经济发展规划

2011年，山东半岛蓝色经济区获批成为我国第一个以海洋经济为主题的区域发展战略，青岛就被定位为蓝色经济区核心区的龙头。

2012年，通过分析研究我市蓝色经济建设的区位与发展优势、资源与支撑条件，青岛市规划局完成了《青岛市城市空间发展战略研究》。

2014年6月，国务院正式批复同意设立青岛西海岸新区。

2014年12月，《青岛蓝色硅谷发展规划》获国家正式批复。

2015年底，《青岛市"海洋+"发展规划（2015—2020年）》出台。

2016年，青岛市立足海洋经济发展实际"量身定做"，提出了"建设国际先进的海洋发展中心"的战略目标，为我市加快建设蓝色经济领军城市绘就了更加瑰丽的蓝图。

蓝色经济助岛城腾飞

作为山东省的龙头城市，青岛市的海洋经济已经初具规模。青岛市有着丰富的海洋资源，具有得天独厚的资源优势。

青岛市专门成立蓝色经济发展办公室，在新一轮海洋发展浪潮中勇立潮头，力争占领先机，成为蓝色经济领军城市。

阅读感悟 >>

为大力打造"蓝色粮仓"，青岛积极对接国家"一带一路"倡议，大力发展海洋经济；已获批准远洋渔船由2013年的10艘发展到现在近200艘，其中，亚洲最大拖网加工船"明开"号也落户青岛。

青岛的旅游业大项目建设驶入快车道，加快推进"三城两线"、邮轮经济等旅游发展规划，规划建设80余个旅游重点项目，总投资3000亿元，内容包括健康旅游、研学旅行、滨海度假、乡村旅游、生态旅游等多种业态。

中国科学院海洋科研所工作人员赴南极考察

2017年东亚海洋合作平台黄岛论坛

青岛邮轮母港2016年接待旅客约8.95万人次

青岛港全年货物吞吐量突破5亿吨

目前，我国正在进入陆海统筹发展的新阶段，国家提出了"21世纪海上丝绸之路"的大格局构想，青岛作为中国著名的海洋科学城和传统海洋经济大市，海洋经济发展处于全国领先水平。

目前，青岛市率先勾勒海洋经济新蓝图，创造新的发展机遇和全新的海洋利用价值，提高海洋资源开发能力，实现海洋与新技术、新产业、新业态、新模式等深度融合，形成新的经济增长点，实现与"一带一路"沿线国家的互联互通。

探究与分享 》》

"海洋+"里的创新浪潮

你知道吗？海带不仅是餐桌上的美味，还可以提取食物添加剂，同时能生产出减压药，生产后留下的废渣还能加工成海藻有机生物肥；蟹壳中提取出来的甲壳素，具有促进愈合、抑菌止血的功效，而且还能用在纺织衣料中。

青岛市依托海洋资源进行的创新实验每天都在进行。

近年来，青岛市建成"海洋石油201"号——世界第一艘具备3000米级深水铺管能力的深水铺管起重船，成功开发海洋新药5个、功能产品200余个，今后，将重点发展海洋工程装备与高端船舶、邮轮游艇装备，开发创新性海洋药物以及功能食品、生物医用材料等功能性海洋生物制品，努力打造国家海洋高端装备制造基地。

随着海洋科技聚焦效应逐渐凸显，青岛东部的蓝色硅谷核心区正成为国家科技兴海产业示范基地，高端海洋经济正逐步成为青岛市的新名片。

——摘自人民网

探究学苑 》》

青岛董家口港区是青岛市"环湾保护、拥湾发展"战略实施的核心组成部分，是山东半岛蓝色经济区、环渤海经济圈经济增长的重要引擎，是东北亚国际航运中心的重要依托。

请你在老师或家长的带领下，参观董家口港区，并以"董家口港对于青岛海洋经济发展的重要意义"为主题，写一份调查报告。

第三课
走进公益课堂

　　某校初三团支部自命名为"琦彩"团支部，每年都坚持响应学校组织的学雷锋活动，并长期坚持开展与学习雷锋精神相关的各种丰富多彩的活动。

　　通过班级组织志愿服务活动，在同学之中逐渐树立"我奉献，我快乐"的思想，有越来越多的同学积极加入到志愿服务队伍中。青岛福彩养老院、青岛市儿童自闭症康复中心、青岛市儿童福利院、北岭山公园、海云庵等地都留下了志愿者们默默奉献的背影。

　　你所在的学校曾经开展过哪些志愿服务活动？你认为开展志愿服务活动有什么意义？

快乐志愿　温暖你我

　　志愿服务是指自愿付出个人的时间与精力，做出不求回报的服务工作，其目的是为改善社会、促进社会进步。

　　志愿者往往是指自己甘愿贡献个人时间和精力的人，在不计物质报酬的前提下为推动人类发展、社会进步和社会福利事业而提供服务的人员。

今后，国家博物馆、首都博物馆等公共文化场所的义务讲解员们将迎来更多的同行者。中宣部、中央文明办等7部门于2016年12月5日"国际志愿者日"到来之际印发《关于公共文化设施开展学雷锋志愿服务的实施意见》，就深入推进公共图书馆、博物馆等公共文化设施学雷锋志愿服务，提出了具体要求。最能体现一个国家和民族精神特征的场所包括公共图书馆、博物馆、纪念馆等公共文化设施。随着社会的发展，人们越来越多的选择到公共文化设施担当志愿者，不仅可以贡献知识、服务社会，更能感受到成就与满足。在这群志愿者中，既包含十几岁的青少年，也有白发苍苍的老者；既有西装革履的白领，也有朝气蓬勃的大学生。

——摘自中国文明网

志愿服务一般可以使社会参与的范围扩大，并使社会动员的能力得以拓展，促进社会公平的实现，提高社会效率的水平，提升社会文明的程度。志愿者精神，体现了人与人之间的相互关爱、人与社会之间的相互融合、人与自然之间的和谐共处。

志愿者精神——联合国前秘书长科菲·安南指出："志愿精神的核心是服务、团结的理想和共同使这个世界变得更加美好的信念。"当前，已被社会广泛接受的志愿者精神为"奉献、友爱、互助、进步"。

志愿者精神在我国有哪些具体的体现？你能举出相关实例吗？

志愿服务的规模和水平体现着一个国家和社会文明进步的水准。改革开放以来，特别是近十年来，我国志愿服务的规模迅速扩大、服务领域不断拓展、服务水平日益提升。据统计，我国正式登记注册的志愿服务人员已超过6000万。志愿服务已经成为促进社会和谐，推动文明进步的一支重要力量，是实现伟大中国梦的一项重要内容和途径。

相关链接 >>

中央精神文明建设指导委员会印发《关于推进志愿服务制度化的意见》（以下简称《意见》）。《意见》强调，创新社会治理的有效途径之一和加强新形势下精神文明建设的有力抓手就是开展志愿服务。想要推动志愿服务持续健康发展、促进学雷锋活动常态化就要推进志愿服务制度化，这对于培育和践行社会主义核心价值观、在全社会形成向上向善的力量，具有十分重要的意义。

——摘自中国政府网

阅读感悟 >>

2017年4月23日上午，青岛市志愿者广场举行启动仪式暨首个服务日活动，12支优秀志愿团队代表岛城志愿者，挥舞青岛市志愿者服务彩旗，集体宣读志愿者誓言，努力将志愿服务脚步迈向全市各个角落。面积约10000平方米的青岛市志愿者广场，位于市北区清江路路口与南昌路的北岭山森林公园广场。

启用后的志愿者广场，将坚持规范性、公益性、持续性、实效性的原则，并根据季节的不同、纪念日的内容及居民的需求，每月开展主题各异的志愿服务活动，努力使志愿服务活动得以常态化。

青岛市有哪些有较高声誉的志愿服务团队？他们都开展过哪些活动？

唱响志愿之歌

一直被誉为爱心之城的青岛，以"微尘精神"享誉全国。全市注册志愿者人数占全市人口总数比例已突破10%，志愿团队从分散"打游击"到建立服务基地，志愿服务实现了从活动到项目的转变。

截至2017年9月，青岛志愿服务网已注册志愿者1240048人，志愿服务团队11162个，服务基地3049个，志愿服务项目6472个，已经建立起涵盖文明劝导、扶贫济困、慈善关爱、助老助残、文化教育、大型活动、生态建设、社会管理等多门类的志愿服务体系。

近年来，青岛先后出台了《关于深入开展志愿服务活动的意见》《青岛市志愿服务记录办法》等一系列文件，持续推进志愿服务制度化。

阅读感悟 >>

在青岛市妇女儿童活动中心、如是书店和校园内，青岛二中的同学们同时开展了"情系山区儿童，爱心点亮冬天"的义卖活动。DIY随行杯作为义卖物品，均为二中学生携手山区儿童共同创作。"山区孩子们稚嫩的笔触，让所有人看到内心世界的美好，更乐于伸出援助之手。而这种别出心裁的构思，与普通直接捐款相比，更容易让大家接受和喜欢。"义卖活动最终共筹集善款2590元，善款以物资形式寄往贵州省织金县鸡场乡白泥夏小学。

你参加过哪些志愿服务活动？是通过什么途径参与活动的？

相关链接 >>

中学生参与志愿服务的主要途径

网络参与途径：关注相应的网址、APP程序、网络公众号等实时了解最新的志愿活动，根据自己的时间和兴趣、特长等，进行选择。

社区参与途径：密切关注社区的各类志愿活动组织情况，也可以根据自己社区的特点，在本社区内进行力所能及的志愿活动。

学校参与途径：可以充分利用学校的团委、教务处、班级等校内平台，积极参与身边各类志愿活动。

志愿服务是公民自我组织、自我教育、自我提升的有效途径。志愿服务的经历会成为我们一生的财富。让我们一起携手，在参与志愿服务活动的过程中，奉献爱心、历练成长，为实现中华民族的伟大复兴贡献力量！

探究学苑 》》

为了进一步树立当代中学生的良好形象，你所在的班级决定开展"文明建城，青春同行"社区志愿服务活动。请你结合实际，设计本活动方案，方案主要包括活动时间、活动地点、活动目的、活动口号、参加人员、活动内容、活动流程、注意事项等。

第四课
"小公民"解决大问题

《关于加强公共场所母婴室建设的提案》的研究报告，在第二届全国青少年模拟政协活动中获得"最佳提案"，并被提交到全国政协。这是西安某所高中的六名同学，采用政协委员撰写提案的方式，通过调查研究，克服重重困难，最终完成的。

这些中学生们从贴近社会实际出发，善于观察和发现生活中的问题，从一个哺乳期妈妈的烦恼出发，认真调研职场中的"背奶妈妈"和家庭中的"全职妈妈"，分别从母乳喂养孩子中遇到的尴尬和困难入手，历经半年的社会调查完成了提案。

从选题到数据，从制表到访谈，从写作到修改，在不到两千字的提案背后，体现着同学们高度的社会责任感。正是这种社会责任感，才让我们的国家充满希望，同时为实现中华民族伟大复兴的中国梦构筑了坚定的基础。

六名中学生的提案为什么能够提交到全国政协？他们的做法对我们参与和服务社会有什么启发？

有担当的小公民

中学生是国家未来的建设者和接班人，是建设和谐社会的重要力量。加强中学生公民意识的教育和培养，对于提高广大中学生自身素质，促进学生健康全面发展，以及推动我国的精神文明建设和法治国家的实现具有很强的现实意义。

中学生在研究性学习的过程中，通过社会实践和调查研究，学会关心国家和社会的进步，关注人类与环境的和谐发展，从而形成积极的人生态度，成长为有责任、有担当的小公民。

相关链接 》》

"模拟政协"全称为"全国青少年模拟政协活动"，这项创新实践活动是以高中生为主体，其核心是通过模拟人民政协的提案形成过程、同时模拟和体验人民政协的组织形式、议事规则以了解和体会中国特色的民主协商政治制度，旨在培养青少年的"四个自信"（道路自信、理论自信、制度自信、文化自信），增强"四种意识"（社会主义制度意识、社会责任意识、实践意识和创新意识），培养和提高青少年的"四大素质能力"（发现问题能力、分析问题能力、解决问题能力以及合作交流能力）。

阅读感悟 》》

2005年，福建省厦门市同安一中的三名中学生历时11个月，对"六合彩"赌博活动的特点、规律和危害进行了调研，并形成报告，呈交给厦门市市长张昌平。张市长看到报告后立刻批示，送市政法委、市公安局领导传阅。同时，这份报告惊动了当时正在福建督查禁赌专项行动的中央纪委常委、监察部副部长黄树贤。随后厦门警方在全市掀起了为期3个月查禁"六合彩"的行动，依法惩处了283人。

　　三名中学生利用研究性学习的机会，选择调查"六合彩"的问题，为社会的健康发展做出了自己的贡献，体现出了强烈的责任担当意识。她们之所以能够取得这么好的成绩，很重要的一点就是她们选择了一个有意义的研究课题。

　　为什么说三位中学生选择的是一个有意义的研究课题？

小课题带来大变化

　　爱因斯坦曾说过：提出一个问题往往比解决一个问题更重要。因此，选择确立一个切实可行、有价值的课题是非常重要的。首先，应该仔细观察自己周围的生活，将生活中的好奇和困惑转化成问题和课题；其次，关注时事，从社会热点话题中寻找既有时代气息又有现实意义的课题；再次，从课本、报刊、书籍等文献资料中寻找课题。

探究与分享 >>

中学生曾经研究过的课题

　　关于自我类课题：《关于××中学课外作业情况的调查》《方便面与人体健康》《网络游戏对我们的利与弊》……

　　关于社会类课题：《××地区环境面面观》《一次性餐具的回收利用》《从建筑看青岛历史的变迁》《青岛公交的昨天、今天和明天》……

　　结合生活实际，尝试确立一个有价值的研究课题。

相关链接 >>

　　选择课题应遵循可行性原则。可行性原则要求同学们所选课题应与自己的主客观条件相适应，能根据已具备的或经过努力可以具备的条件进行选题。

如，有同学确立了"青少年网恋的防范与治疗"的课题，分析这一课题可以看出，网恋的防范与治疗应该属于心理学、医学范畴，探讨治疗方法，需要具备一定的心理学、医学知识，很明显这个研究的角度不适合同学们现在去研究。如果把角度定位在调查这种现象的现状或成因分析上，对我们来说就会使研究变得相对容易。

"良好的方法能使我们更好地运用天赋的才能，而拙劣的方法则可能阻碍才能的发挥。"研究方法是否正确直接影响着研究过程是否能够顺利进行，直接影响着研究成果的完成。课题研究最基本的方法包括整理资料研究法、调查研究法和实验研究法。

相关链接 》》

收集整理资料研究法，是指在收集前人有关自己研究课题的相关文献、资料的基础上，根据研究课题的需要，从中加以整理、筛选，总结出自己所需要的材料，形成自己的观点，并加以论述，从而形成有观点的论文。

调查法是指有目的、有计划、系统的搜集有关研究对象现实状况、历史状况或发展趋势的材料，综合运用观察法、谈话、问卷、个案研究、测验等方法，进行分析、综合、比较、归纳，从而得出科学结论的方法。

实验研究法是指根据研究目的，利用仪器、设备，人为地制造、控制或干预研究对象，使某种事件或现象在有利于观察的条件下发生或重演，从而获得科学事实和结论的研究方法。

探究与分享 》》

为了更好地完成《关于加强公共场所母婴室建设的提案》，西安六名中学生利用周末和暑假走访了西安的机场、火车站、汽车站、商场、超市等近百个公共场所，了解这些场所是否配备了母婴室；精心设计了4套问卷，分别对妈妈群体、普通公众、国外留学生（了解国外情况）和企业家进行问卷调查。这些宝贵的第一手材料对提案的撰写发挥了重要的作用。

以上六名中学生采用了哪些研究方法？

经过研究和实践获得成果之后，要把课题研究或社会实践活动的整个过程、结果、方法，以文字的形式写成报告。写好报告应掌握一般学术性专题论文和调查报告的写作格式。

相关链接 》》

一般学术性论文有四个部分组成，即标题、前言（引言）、正文、结尾。标题要能准确表达中心内容和反映研究范围，在必要的情况下，可以设副标题。在标题下面要署上作者姓名。前言主要阐述课题研究的背景、目的、预期结果或具有的意义和作用。正文是论文的主要部分，是提出问题、分析问题、解决问题的部分。结尾是课题研究的结晶，结论是全篇要旨的集中揭示，是全文内容发展的必然结果。

调查报告一般由题目、引言、正文、结论、参考文献及附录六个部分组成。题目要具体明确，可加副标题；在标题下面署上作者姓名。前言要简短扼要说明调查的目的、主要内容、方式方法、意义、任务、时间、地点、对象、范围等。正文部分包含主体、讨论和建议。要把调查来的大量材料，经过核查，统计，分析整理，运用调查得来的真实可靠的事实材料进行分析推论，说明观点，根据情况需要提出建设性的意见。结论就是要交代调查研究了什么问题，获得了什么结果，说明了什么问题。研究过程中涉及参考引用的文献资料要逐一注明，编列目录。

文昌路夜晚灯光太亮，路灯管理所调整了灯光亮度；学校附近公交车站台乘车难，公交公司调整了上下学高峰期的公交班次；学校门前的银杏古树生长不好，绿化部门将水泥地面改成透气的木板地面；骑鹤桥桥下没有路灯，路灯管理部门及时安装上路灯……一系列的改变悄然发生。可是让人想不到的是，这些利民措施的背后，却是一群学生在调查和推动。

这是某校正在开展的小公民社会实践教育探索。针对公民公共生活中存在的问题，该校学生主动走进机关、走向社会，通过问卷调查等形式提出合理化建议。几年来，一个个课题在孩子们手中"结题"，孩子们也因此成为影响公共政策的小公民。

在我们身边，存在哪些社会问题？我们可以通过怎样的方式解决？

我们可以将研究成果反映给人大代表，也可以用写信、电话、电子邮件等方式向有关部门反映。在承担责任的过程中，我们的能力和才干会逐步增长，存在的问题才会得到解决，我们的家乡也会变得越来越美好。让我们一起行动起来，为建设富强民主文明和谐美丽的家乡贡献青春和力量！

探究学苑 〉〉

作为家乡的小主人，应该有强烈的责任担当意识，让我们用智慧的眼睛去发现身边还存在的问题，拟写一份课题研究方案。

◆ 第二单元 ◆
法律为生活护航

　　法安天下，德润人心。从古至今，法律在我们的社会生活中发挥着不可替代的作用。温馨家庭、优美校园、和谐社会……处处都离不开法律的规范和保护。

　　法律就在我们的身边，我们无时无刻不在法治阳光的温暖下学习生活。让我们与法同行，摆脱冲动与鲁莽，拥有理智与稳重。让我们一起学法、尊法、守法、用法，做一个有尊严、守规则的公民！

第一课
法律从何处来

小明: 有了国家才有了法律。

小红: 我们建立了中华人民共和国才有了中国社会主义法律。

想一想: 你知道法律的起源吗?

法律的词源

从法律这个词的词源来看,我国古代一直把"法"和"律"当作同义词,并单独使用。"法"在古汉语中是"灋"。据我国最早的辞书《说文解字》释义:"灋,刑也。平之如水,从水;廌所以触不直者去之,从去"。所以,从法的词源看,它有"平""正""直"和"公正裁判"的意思。

相关链接 》》

獬豸（读zhì），又称任法兽，古代中国神话传说中的瑞兽，形状似羊，头上有独角，它拥有很高的智慧，懂人语知人性，能辨是非曲直，能识善恶忠奸，见人争斗即以角触不直者，因而也称"直辨兽"，又称"任法兽"，是勇猛、光明、清平的象征，是执法公正的化身。东汉思想家王充在《论衡》中记载了被奉为"中国司法鼻祖"——皋陶用獬豸治狱的传说，皋陶遇到曲直难断的情况，便让獬豸是否顶触来判定是否有罪。后来，"廌"字从"灋"中被隐去，简化为"法"，但它所象征的中国法律传统文化并没有随之消失。春秋战国时期，楚王仿照獬豸的形象，制成冠戴在头上。秦朝时正式赐给御史作为饰志，后遂称"獬豸冠"。獬豸形象是蒙昧时代以神判法的遗迹，在近代，仍将它视为法律与公正的偶像。

"律"字，据《说文解字》释义："律，均布也。"清朝段玉裁注："律者，所以范天下之不一而归于一，故均布也。"这就是说，"律"字含有提供模式，纠偏正邪，使之平均齐一、统一之含义。

一直到19世纪末20世纪初，"法律"一词才被连用。在现代汉语中，法律一词通常在广、狭两种意义上使用。在我国，狭义的法律，专门指全国人大及其常委会制定的规范性法律文件，即特定或具体意义上的法律；而广义上的法律，是指一切规范性法律文件的总称，即整体或抽象意义上的法律，包括宪法、法律、行政法规、地方性法规等。但是，我们平时大多从广义上使用"法律"一词，如我们常听到的"法律面前人人平等""依法治国"。一般而言，把广义的法律称为法，而将狭义的法律仍称作法律。

法律的产生

在社会发展的漫长历程中，对法的起源问题众说不一，有神创说、暴力说、契约说、发展说等等。但马克思主义认为，法是生产力发展到一定阶段，随着私有制、阶级和国家的出现而产生的。

相关链接 >>>

公元前536年3月，郑国子产率先"铸刑书于鼎，以为国之常法"，他将国家的法律铸在象征王权的鼎上，并且公布于众，这是中国历史上第一次正式公布成文的法律，史称"铸刑书"。中国历史上第一部比较系统的封建成文法典是《法经》，它形成于战国时期，是魏国李悝在总结春秋以来各国公布成文法经验的基础上制定的。《法经》在中国法律史上具有重要的地位。

在原始社会中，社会组织的基本单位是氏族，而调整社会关系的主要规范是风俗和习惯。但是随着生产力的发展，私有制产生，阶级出现，于是作为统治阶级的国家逐渐形成。作为国家实现其职能的手段和工具，法律也就相伴而生。

相关链接 >>>

中国法律的起源

我国古代法律的起源，简单地说，可以概括为"刑起于兵，法源于礼"。

刑起于兵：一方面，"师出以律"，中国古代最初的刑起源于军事战争，最早的法脱胎于军事中产生的军法。另一方面，"兵狱同制"，军事战争需要及时处置敌人、俘虏或其他违法犯罪行为，某些军法同时就是定罪量刑的刑法。

法源于礼：礼产生于祭祀，在祭祀过程中，仪式得到强化和系统化。随着阶级的分化、祭祀的仪式等级不同而不同，此时礼成为确定等级的标志。随着阶级的划分，上层阶级演化为统治阶级，他们借助政治势力将礼上升为调整人们社会关系的规范，礼在形式和实质上都具有了法律的内涵。直至周公之礼，礼得到进一步规范化和系统化，从而成为中国古代调整社会关系的行为规范的总称。礼成为中国古代法的重要渊源，中国古代法的最初表现形式主要是以礼表现出来的。

法律的发展

法律是发展的。从理论上来说，法律是社会调控手段，也是社会的组成部分，必然随社会的发展而发展，随社会经济条件的变化而变化。马克思主义认为，人类历史上先后出现的法分别是奴隶制法、封建制法、资本主义法和社会主义法。法律的发展过程，从某种意义上讲，就是不断适应社会实际需要的过程，是根据社会的变化和需求而相应变化的。

以案说法 》》

《校车安全管理条例》的产生

2011年11月16日，甘肃省庆阳市正宁县榆林子镇下沟村境内发生一起幼儿园校车与重型自卸货车相撞的重大道路交通事故，造成21人死亡，43人受伤。事故发生后，为进一步加强校车交通安全工作，有效防范和坚决遏制此类事故的发生，国务院安委办要求各地高度重视中小学和幼儿园校车交通安全工作，建立完善校车交通安全监管的长效机制。

2011年11月27日，温家宝总理在第五次全国妇女儿童工作会议上要求：法制办要在一个月内制定出校车安全条例。

2011年12月11日，国务院法制办公布《校车安全条例（草案）》（征求意见稿），向全社会征求民意，截止期为2012年1月11日。

2012年1月13日，《专用校车安全技术条件》《专用校车座椅系统及其车辆固定件的强度》两项国家强制性标准通过审查。

2012年3月5日，"加强校车安全管理，确保孩子们的人身安全"被首次写进《政府工作报告》。

2012年4月5日，《校车安全管理条例》由国务院公布并实行。

《校车安全管理条例》的产生过程说明了什么？

2011年我国发生多起重大校车事故，暴露出了我国校车市场的混乱和制度上的缺陷。为保障校车安全，2012年4月，国务院出台了《校车安全管理条例》，这是政府履行国家义务，通过明确的立法，来为校车安全管理制度的确立提供政策指导和法律保障。《校车安全管理条例》填补了我国历史上校车立法方面的空白。法律之树的根基是丰富的社会实践，因此法律体系的修改完善，也要适应社会的发展变化，关注和回应社会的期待。因为真正的法律必定是铭刻在公民内心深处的法律，只有体现民意的法律才能让民众心悦诚服。

以案说法 〉〉

2003年3月17日，湖北黄冈27岁的青年孙某因未携带任何证件，被派出所民警带去询问，后被错误作为"三无"人员送至收容待遣所，又转送收容遣送中转站。18日，孙某称自己有病，就被送到收容人员救治站诊治。在救治站，孙某被同病房的8名被收治人员两度轮番殴打，因为大面积软组织损伤导致创伤性休克死亡。此案被多家媒体报道后，社会反响强烈。经法院审理后，涉嫌故意殴打孙某致死的12名被告，及在孙某被收容过程中涉嫌渎职犯罪的6名被告，分别被判处死刑或有期徒刑，对此案负有责任的公安、卫生、民政等部门的负责人及有关人员20多人也分别受到了党纪、政纪处分。

2003年6月20日，国务院公布施行《城市生活无着的流浪乞讨人员救助管理办法》。自2003年8月1日起，新法正式施行，1982年国务院发布的《城市流浪乞讨人员收容遣送办法》同时废止。

为什么《城市流浪乞讨人员收容遣送办法》被废止？

法律是治国重器，良法是善治前提。我国是成文法国家，法律必载于规范性文件，以法定程序通过，才具有法律效力。然而成文法有一个固有弊端，即社会发展情况是千变万化的，而法律条文则具有一定的滞后性，无法灵活适应社会的发展变化。这就要求法律做到因时而改，能根据社会的发展和变化及时做出相应调整。

探究与分享 》》

你还能搜索出法律适应社会发展的案例吗？

阅读感悟 》》

老人倒地扶不扶？

南京老太太徐某不慎在公交车站摔倒，恰好下车的彭某扶起摔倒在地的徐某，并与后来赶到的徐某家人一起将她送到医院治疗。事后徐某却咬定是彭某将其撞倒，并向其索赔。双方因赔偿治疗费用问题发生纠纷，徐某便将彭某诉至南京市鼓楼区法院，而彭某则以"做好事反被诬告为名"向媒体求救。法院判决后，彭某不服判决，向南京市中级人民法院提起上诉。二审判决前，法院进行了调解，双方达成了和解协议，此事不了了之。但"做好事反被诬告"却在社会产生了广泛的影响，给社会带来了一些负面效应。

你认为"老人倒地扶不扶"？

我国已经建立了比较完备的法律体系，但与社会发展的实际需要相比，还远远不够。在很多方面，仍需要法律阳光的照耀。"老人倒地扶不扶"的问题之所以引起热议，就是因为缺少恰当的法律根据。

《中华人民共和国民法总则》于2017年10月1日正式实施，其中第一百八十四条"因自愿实施紧急救助行为造成受助人损害的，救助人不承担民事责任"，被称为"好人法"。这就使社会上的见义勇为行为，受到了法律的特别保护。这一条"好人法"的修改和出台，将避免"英雄流血又流泪"的悲剧发生，有助于化解公众"看见老人倒地敢不敢扶"等困惑，填补了此前的法律空白，规范了这类行为，从法律层面鼓励更多人勇敢地伸出援助之手。

相关链接 》》

《中华人民共和国民法总则》的部分亮点

1. 胎儿也有继承权

民法总则第十六条：涉及遗产继承、接受赠与等胎儿利益保护的，胎儿视为具有民事权利能力。但是胎儿娩出时为死体的，其民事权利能力自始不存在。

2. 限制民事行为能力调整为8周岁

民法总则第十九条：八周岁以上的未成年人为限制民事行为能力人，实施民事法律行为由其法定代理人代理或者经其法定代理人同意、追认，但是可以独立实施纯获利益的民事法律行为或者与其年龄、智力相适应的民事法律行为。

3. 虐待孩子的父母要被"替换"

民法总则第三十六条：监护人有下列情形之一的，人民法院根据有关个人或者组织的申请，撤销其监护人资格，安排必要的临时监护措施，并按照最有利于被监护人的原则依法指定监护人：

（一）实施严重损害被监护人身心健康行为的；

（二）怠于履行监护职责，或者无法履行监护职责并且拒绝将监护职责部分或者全部委托给他人，导致被监护人处于危困状态的；

（三）实施严重侵害被监护人合法权益的其他行为的。

本条规定的有关个人和组织包括：其他依法具有监护资格的人，居民委员会、村民委员会、学校、医疗机构、妇女联合会、残疾人联合会、未成年人保护组织、依法设立的老年人组织、民政部门等。

4. 明确保护隐私权

民法总则第一百一十条　自然人享有生命权、身体权、健康权、姓名权、肖像权、名誉权、荣誉权、隐私权、婚姻自主权等权利。

5. 禁止买卖个人信息

民法总则第一百一十一条：自然人的个人信息受法律保护。任何组织和个人需要获取他人个人信息的，应当依法取得并确保信息安全，不得非法收集、使用、加工、传输他人个人信息，不得非法买卖、提供或者公开他人个人信息。

有法学家说："法律就像旅行一样，必须为明天做准备，它必须具备成长的原则。"这句话告诉我们：当法律在实际中逐步暴露出其存在的问题时，就应当顺应时代，修改法律，以适应不断发展的时代需要，这样法律体系才能做到"流水不腐，户枢不蠹"。与时俱进应是法律必须具备的品格。

探究学苑 >>

请围绕《中华人民共和国未成年人保护法》或者《中华人民共和国预防未成年人犯罪法》，以学习小组为单位，通过网络和查阅资料，了解该法律产生的时代背景、制定过程及对青少年健康成长的意义。并结合当前实际，进一步调查了解该法律在实施过程中存在哪些不足，就进一步完善该法律提出一些合理化建议，并形成调查报告。

第二课
防范欺凌暴力

欺凌现象面面观

校园，本该是一方净土，是文明的殿堂。然而，近年来，中小学生欺凌事件时有发生，给宁静的校园蒙上了一层阴影。人们遗憾地发现，原本应该用美好、纯真等词来形容的花季少年，有些却与暴力、斗殴等词联系在一起，这成为摆在教育者、家长及社会面前的沉重话题。

阅读感悟 》》

一篇题为《每对母子都是生死之交，我要陪他向校园霸凌说NO！》的文章，在微信朋友圈等平台流传。撰文者自称是北京某小学10岁男孩的妈妈。据她说，她的儿子在学校被两名同班同学欺凌，同学将有厕纸、尿液的垃圾筐扣到孩子头上并嘲笑他。事发后，孩子哭着自我清理，没有向老师报告。回到家孩子说起此事时"抖成一团""嚎啕大哭"，并出现失眠、厌食、易怒、恐惧上学等症状，后被医生诊断为急性应激反应。

中小学生欺凌行为有哪些具体表现？这些行为会造成哪些危害和不良影响？

校园欺凌主要是指发生在同学之间，蓄意或者恶意通过肢体、语言、网络等手段，对学生心理、生理、名誉、权利、财产等实施的侵害行为。校园暴力事件是指在学校或校外附近地方发生的打架斗殴、侮辱谩骂等严重伤害行为的事件。

校园欺凌不像暴力那么明显，往往与一般同学间的打闹、开玩笑、闹矛盾等混在一起。欺凌与暴力二者之间有时会有一些交集，有些校园欺凌行为带有轻微的违法，但欺凌与暴力只存在量的差异，没有质的区别。根据校园欺凌和暴力行为的严重程度，可以分为违规行为、违法行为和刑事犯罪。

但是，不管是欺凌还是暴力，都会对受害者造成一定的伤害，或使其身体受到侵害，或构成心理问题，影响身心健康，甚至影响人格发展。对于欺凌者而言，会使他们道德滑坡、人格扭曲，甚至走上犯罪道路，最终受到法律的制裁。

阅读感悟 >>

某县人民法院公开宣判了一起发生在校外的未成年人欺凌案件：看对方不顺眼，就扇耳光、用脚踹，并强迫脱光上衣裸体跳舞，还拍摄视频上传到网上。八名被告人除王某乙为成年男性，其余被告人均为女性，犯案时基本在十八周岁以下。五人为高中生，其余三人无业，最小者仅15岁。法院称，考虑部分被告人已自首，且犯罪时年龄已满16周岁未满18周岁，并结合其各自在此案中所起的作用，一审对他们作出了相应的判处。归案后，各被告人表示懊悔当初的行为。

法官称，从此案犯罪参与人员的家庭背景、个人经历来看，多名被告人均缺乏家庭关爱和教育。这些处在青春叛逆期的少女，因家庭原因，加上社会不良习气的影响，建立微信群，觉得无聊，或看哪个人不顺眼，就在群里说自己无聊要打人，最终走上了违法的道路。

结合以上案例和生活中的欺凌事件，你认为造成欺凌的原因有哪些？

中小学生欺凌行为往往与不良的家庭教养方式有着紧密的联系。欺凌者有一部分是在家庭中受到过度溺爱的，形成唯我独尊的强势心态。还有一些是在家中缺乏亲情和关爱，缺乏管理教育，造成了监管的缺失，沾染了社会不良习气，结交不良朋友，形成了一定的小团体，对稍有"不顺我意"的同学就进行欺凌，导致了校园欺凌事件的发生。

向欺凌行为说"不"

校园应是最阳光、最安全的地方。中小学生欺凌事件屡屡发生，有些事件情节甚至极其恶劣，不仅伤害未成年人的身心健康，还冲击社会道德底线。为了解决这一问题，教育部门会同相关部门多措并举，建议家庭和学校要对学生加强品行教育，还要完善校园欺凌的相关法律法规，建立健全对校园欺凌行为的惩戒机制，做到有法可依，坚决遏制漠视人的尊严与生命的行为。

相关链接 》》

2017年12月，教育部等十一部门联合印发了《加强中小学生欺凌综合治理方案》，明确规定了预防学生欺凌的四项举措：

一是学校加强教育。各中小学通过每学期开学时集中开展教育、在道德与法治等课程中专门设置教学模块等方式，定期对中小学生进行学生欺凌防治专题教育。

二是开展家长培训。通过组织学校或社区定期开展专题培训课等方式，加强家长培训，引导广大家长增强法治意识，落实监护责任，帮助家长了解防治学生欺凌知识。

三是强化学校管理。加快推进校园视频监控系统、紧急报警装置等建设，建立健全防治学生欺凌工作各项规章制度，学校根据自身情况成立学生欺凌治理委员会。

四是定期开展排查。通过委托专业第三方机构等方式，定期开展针对全体学生的防治学生欺凌专项调查，及时查找可能发生欺凌事件的苗头迹象或已经发生、正在发生的欺凌事件。

——摘自中华人民共和国教育部网

让欺凌远离学校，还校园一方清静。家长首先应该承担起监护和教育的责任。家庭是孩子终身成长的第一课堂，作为监护人，父母和长辈要用正确的价值观、良好的修养和品行，通过言传身教为孩子树立榜样。

学校应加强对未成年人进行心理健康和法治教育。对学生开展以中小学生欺凌治理为主题的专题教育，邀请公安、司法等相关部门到校开展法治教育。制定完善中小学生欺凌的预防和处理制度、措施，建立欺凌事件应急处置预案。

防范欺凌是一项系统工程、长期工程、合力工程，必须形成学校、家庭、社会齐抓共管的格局，必须全社会共同守望，道德教育与法治惩戒并举，唯有如此，才能营造一个安全的校园环境，才能杜绝校园欺凌事件的发生。

相关链接 》》

对实施欺凌行为的学生应该怎样实施教育、惩戒？

《加强中小学生欺凌综合治理方案》指出，对经调查认定实施欺凌的学生，学校学生欺凌治理委员会要根据实际情况，制定一定学时的专门教育方案并监督实施欺凌学生按要求接受教育，同时针对欺凌事件的不同情形予以相应惩戒。

情节轻微的一般欺凌事件，由学校对实施欺凌学生开展批评、教育。实施欺凌学生应向被欺凌学生当面或书面道歉，取得谅解。

情节比较恶劣、对被欺凌学生身体和心理造成明显伤害的严重欺凌事件，学校对实施欺凌学生开展批评、教育的同时，可请公安机关参与警示教育或对实施欺凌学生予以训诫。

屡教不改或者情节恶劣的严重欺凌事件，必要时可将实施欺凌学生转送专门（工读）学校进行教育。

涉及违反治安管理或者涉嫌犯罪的学生欺凌事件，应以公安机关、人民法院、人民检察院处置为主。

对依法应承担行政、刑事责任的，要做好个别矫治和分类教育，依法利用拘留所、看守所、未成年犯管教所、社区矫正机构等场所开展必要的教育矫治。

对依法不予行政、刑事处罚的学生，学校要给予纪律处分，非义务教育阶段学校可视具体情节和危害程度给予留校察看、勒令退学、开除等处分，必要时可按照有关规定将其送专门（工读）学校。

——摘自中华人民共和国教育部网

阅读感悟 》》

　　在全国"两会"期间，全国政协委员谢朝华递交了《关于完善现有校园欺凌预防和处理体系的提案》。而这份"提案"则出自多所中学的学生之手。经过调研，同学们建议，由教育、司法、公安多部门联合成立专门委员会，出台预防和治理校园欺凌的专项法规，并将校园欺凌的专项治理常态化。同时，各省市也应成立当地专门委员会，对辖区各学校的校园欺凌防治工作进行规划和监督。

　　同学们特别建议，完善校园欺凌的事后处理和预防再犯体系。具体实施方法是：制定反校园欺凌法，加强未成年人权益保护；对未追究刑事责任的青少年建立社工服务制度；建立学校义务调查和报告制度。《关于完善现有校园欺凌预防和处理体系的提案》是第三届"全国青少年模拟政协活动"中产生的"最佳提案"之一。

　　这些中学生的做法对你有哪些启示？

　　预防欺凌的发生，家庭、学校和社会的教育和保护只是提供了外部条件。与此同时，还需要未成年人学会树立法律意识，拥有维护自己合法权益的能力。面对不法侵害发生时，有方法、有智慧与之斗争，勇敢保护自己。

阅读感悟 》》

　　在校门口，16岁的某校学生高同学被一位留着长发的人拦住，这位自称叫洪某某的外校生说："明天给我带50元钱，我在校门口等你。"高同学听同学说过有人在校门口要钱的事，也知道很多同学由于害怕他们真的给钱，但他不给。之后几次洪某某都向他要钱，他都不给，洪某某就将"价码"不断加上去，到后来要他拿300元。

过了几天，高同学正在教室打扫卫生。有同学急忙赶来告诉他：洪某某带了一些人，在门口扬言要教训你。高同学听后心想：我惹不起，但我躲得起。于是就在教室里多待了一会儿。但一会又有人来告诉他：那些人等不到高同学，便通过熟人把他放在校内的自行车推到校门外了。

高同学这时忍无可忍了，急忙走出校门，向他们要回自己的自行车，这时洪某某便立即吩咐带来的十几个人将他猛揍。虽然高同学身高一米七几，但在他们围攻下根本没有还手之力。

以上案例中高同学的哪些做法是可取的？哪些做法是不可取的？

当遇到欺凌时，要有积极的心理暗示，表现淡定，有惊无恐。若被很多学生围着，要明白跑为上策，要斗智斗勇，尽量周旋拖延时间，有机会就跑。在遭遇暴力伤害时，及时报警，寻求警察的帮助与保护。当看到有同学被欺负时，应尽快报告老师。我们不做欺凌的受害者，更不能当实施者，也坚决不做冷漠的旁观者。要学法、守法、用法，做一名合格的社会小公民。

相关链接 》》

上海市教育委员会在全国率先发布《预防中小学生网络欺凌指南30条》，以下几条主要指导中小学生如何规范上网行为，不主动实施并理性应对网络不良行为。

1. **不使用语言攻击他人**。不通过短信、微信，或在论坛、聊天室、微博、贴吧、QQ群、微信群等公开威胁、侮辱、诽谤他人。

2. **不曝光他人隐私**。不传播或公开可能令他人受到威胁、伤害、侮辱或尴尬的文字、照片、图像、视频或音频等。

3. **不制造与传播虚假信息**。不通过拼接图片或加上侮辱、诽谤性文字，散播谣言，发布不实信息。

4. **不随意上传个人信息**。注意保护私人信息，谨慎将个人或家庭资料上传网络。

5. **不以暴制暴应对网络欺凌**。理性应对网络不良行为，在遭遇网络攻击或网络欺凌时，保持冷静与自信。

6. **及时寻求他人援助**。遭遇网络欺凌行为，要及时告知老师或家长，也可咨询求助青少年援助热线12355。

——摘自中华人民共和国教育部网

探究学苑 》》

某班准备举办一次"预防校园欺凌，加强自我保护"为主题的班会，旨在构建文明和谐校园。请你设计一个活动方案。要求：

1. 明确班会的目的和意义。

2. 做好宣传和鼓动工作。

3. 落实班会的具体工作（比如选好主持人，整理好串词，确定好记录人，排练好节目，布置好会场等）。

4. 拟定班会的具体环节（比如主持人开场白，学生或老师发言，小组讨论并做好记录，情景剧表演，全班讨论并交流心得，学生宣誓等）。

第三课
法网恢恢，E网不漏

小蔡同学是一个有四年网龄的小"网虫"。网络使小蔡的课余生活变得丰富多彩：浏览网页、关注社会热点、查找资料、看电影、玩游戏、结交新朋友……最近一段时间，小蔡加入了一个论坛。在论坛中，网友们的发言非常随意，甚至有的网友有造谣生事、无理谩骂、恶毒攻击的言论。对此，小蔡同学认为：网络生活是一个虚拟的世界，我们拥有充分的自由，可以随心所欲地发表自己的言论。

你是否认同小蔡的观点？说说你的看法。

网络隐私权不受侵犯

网络隐私权是指自然人在网上享有私人生活安宁，私人信息、私人空间和私人活动依法受到保护，不被他人非法知悉、搜集、复制、侵犯、利用和公开的一种人格权，是隐私权在网络中的延伸。

网络的易发布性和传播性使网络信息的发布具有了更快的传播速度及更广的传播范围，很容易造成用户个人私密资料的泄露，在造成重大的物质损失的同时，也有可能给用户身心造成巨大的伤害。例如：通过网络公开、宣扬或转让他人隐私；未经授权收集、修改他人信息等。

以案说法 》》

　　某地派出所民警接到辖区内居民孙某的报警电话，孙某称有一个网名为"红尘滚滚"的网民将孙某的工作单位、电话号码及家庭住址等信息发到某贴吧里，给孙某带来很多不必要的麻烦，严重干扰了孙某的正常生活。民警接到报警后，迅速展开调查取证，很快获得了大量的证据。原来，嫌疑人王某因在工作中与孙某有矛盾，为泄私愤，遂将孙某的个人隐私在网上发布。民警将违法嫌疑人王某传唤至派出所，到案后，王某对散布他人隐私的违法事实供认不讳。民警要求王某在该贴吧内发布道歉信，并联系该论坛将帖子删除。王某认错态度较好，根据有关法律规定，王某被处以行政警告处罚。

　　上述案例给我们什么警示？

　　在网络迅速发展的今天，公民的网络隐私权极易受到侵犯。全社会需要共同努力，以避免侵权行为。首先，要完善网络立法，加大网站的监管责任。其次，要提高全民网络素养，加强网络道德建设。在接触网络时，要学会独立思考和提高判断信息真伪的能力。再者，采用适当的技术手段，加强对网民言论的适时监管。只有多管齐下，才能净化网络环境，推动互联网健康、文明、有序发展。

网络谣言不可散布

　　近年来，网络谣言也在随着互联网的快速发展滋生蔓延，既有针对公民个人的诽谤，也有针对公共事件的捏造。肉松是用棉花做的、紫菜是塑料袋做的、柑橘里有小蛆状的病虫、地震传言、"爆炸"谣言……网络谣言把谎言包装成"事实"，将猜测翻转成"存在"，扰乱人心，影响社会和谐。

法律小课堂 》》

　　《中华人民共和国治安管理处罚法》规定，散布谣言，谎报险情、疫情、警情的处五日以上十日以下拘留，可以并处五百元以下罚款；情节较轻的，处五日以下拘留或者五百元以下罚款。

《中华人民共和国刑法》规定，编造虚假的险情、疫情、灾情、警情，在信息网络或者其他媒体上传播，或者明知是上述虚假信息，故意在信息网络或者其他媒体上传播，严重扰乱社会秩序的，处三年以下有期徒刑、拘役或者管制；造成严重后果的，处三年以上七年以下有期徒刑。

以案说法 》》

某地民警在网上巡查时发现，有网民发帖称在某市场门口发生了恶性伤人事件，并附上了数张照片和相关视频。民警迅速展开调查，该市场门口确实发生了一起伤人案件，但网上发布的伤人现场照片和视频均与此案无关，同时该网民夸大了事实，把打架事件描绘成恶性伤人事件，采取"移花接木"的手法，将网上其他地区的伤人事件照片胡乱拼凑，散布网络谣言，引发网民恐慌，扰乱了社会秩序。

经调查，警方很快确定了发帖的违法嫌疑人张某。张某交代，为吸引网民眼球，扩大网上点击率散布了谣言，事发后，张某在家人的规劝下投案。因张某是未成年人，又系主动投案，警方对其从轻处罚，根据《中华人民共和国治安管理处罚法》第二十五条规定，给予张某罚款500元的治安处罚。

你认为青少年应如何自觉抵制网络谣言？

谣言一旦发布在网上，其传播速度、流传范围和所造成的危害无法控制，但网络不是法外之地，谣言制造者必将受到法律的惩罚。我们每个人都应从自身做起，自觉抵制网络谣言，做到不造谣、不信谣、不传谣，不助长谣言的蔓延，做网络健康环境的维护者，发现网络谣言积极举报。

网络群聊要守法律

随着互联网的发展，同学群、亲友群、家长群等群组在微博、微信、QQ等网络平台建立。各种群的建立消除了因地域原因沟通交流困难的情况，增进了人与人之间的情感。然而，许多网友在群聊中扭曲事实、随意发布信息，这些不健康的信息、不负责任的发言破坏了洁净的网络环境，也带来了许多负面影响。

以案说法 》》

男子张某在北京市朝阳北路违法停车，执勤民警依法对其开具违法停车告知单。张某不满交警部门的正常执勤工作，通过微信群（群名：××交流群）公开发表辱骂交警的言论，并被大量转发，造成了极为恶劣的社会影响。

民警依法将张某传唤至公安局，经讯问后，张某对违法行为供认不讳。经过批评教育后张某认识到自己的错误，并进行了深刻的自我检讨。民警根据《中华人民共和国治安管理处罚法》规定，给予张某治安拘留七日的处罚。

你如何看待网络交流中的"自由"？

自由永远都是相对的，没有规矩不成方圆，立下规矩方能健康成长。国家互联网信息办公室印发《互联网群组信息服务管理规定》，规范群组网络行为和信息发布，为文明上网设好了"指路牌"，树好了"风向标"。

相关链接 》》

互联网群组信息服务管理规定：谁建群谁负责

《互联网群组信息服务管理规定》强调，互联网群组信息服务提供者应当对互联网群组信息服务使用者进行真实身份信息认证，建立信用等级管理体系，合理设定群组规模，实施分级分类管理，并采取必要措施保护使用者个人信息安全。

上述规定明确了互联网群组建立者、管理者应当履行群组管理责任，即"谁建群谁负责""谁管理谁负责"，依据法律法规、用户协议和平台公约，规范群组网络行为和信息发布。群主和管理者不能只建不管，群组成员在参与群组信息交流时，应严格遵守相关法律法规，文明互动、理性表达。

在网络这个虚拟世界里，我们不能为所欲为。作为网民，不能在群里发布违法违规的内容，或从事违法违规的行为。作为群主，建群的目的一定要健康合法，并应承担管理和监督责任，要遵纪守法，抵制各种违法犯罪行为和有害信息。网络群聊要遵守道德和法律的要求，让我们共同努力，还网络空间一片朗朗晴天。

探究学苑 〉〉

　　请你在班级中以"绿色健康、文明上网"为主题，编写一份手抄报。了解同学们在网络生活中有哪些值得提倡的做法、存在哪些不良行为，并向同学们提出合理化建议。

第四课
体验 "模拟法庭"

"模拟法庭"走进中学课堂

"报告审判长，法庭准备工作就绪，请开庭。"仿若法院里普通的一场庭审，稚嫩又略有些生涩的嗓音却让人充满好奇。原来，这是青岛某中学举办的"模拟法庭"活动！

体验 "模拟法庭"

本次模拟法庭开庭活动的全部角色都由学生担任。现场气氛庄严肃穆，身份核实、法庭调查、法庭辩论……一个个环节有条不紊地进行着，每一个细节都严谨、规范。审判长居中公正裁判，公诉人有力指控犯罪，辩护人施展辩护才能，法定代理人声泪俱下，被告人也因自己不知法、不守法，一时冲动而悔恨不已。

整个"模拟法庭"活动逼真、专业，学生们兴趣盎然，似乎置身于真正的法庭之中，鲜活的案件让同学们有了深深的思考。

什么是"模拟法庭"？如何开展"模拟法庭"活动？

初识"模拟法庭"

模拟法庭是指在教师的指导下，由学生扮演庭审的各个角色，模拟庭审的法官、书记员、公诉人、辩护人、被告人、证人、鉴定人和法警等，以司法审判中的法庭审判为参照，模拟审判某一案件的活动。

请你参与　>>

进入初二后，班里的很多同学对法律知识产生了浓厚的兴趣。在老师的建议下，初二一班的同学们决定开展一次模拟法庭活动。举行这一活动需要做好哪些准备工作呢？同学们七嘴八舌地讨论起来……

小明
要选择一个合适的案件进行审理。

要选拔参与模拟庭审的同学，并进行分工。
小红

开展模拟法庭活动要做好哪些准备工作？

"模拟法庭"前期准备

开展模拟法庭活动，我们要做大量的准备工作：首先，精选法律案例。其次，学习相关法律知识，为开展模拟法庭活动提供充足的知识储备。再次，了解审判程序。可以通过上网查资料、观看审判视频来了解案件审判程序，也可以到法院参加旁听活动或者邀请法官为同学们进行讲解。最后，确定模拟法庭角色人选，进行人员分工，完成相关法律文书的写作。

刑事法庭组成人员

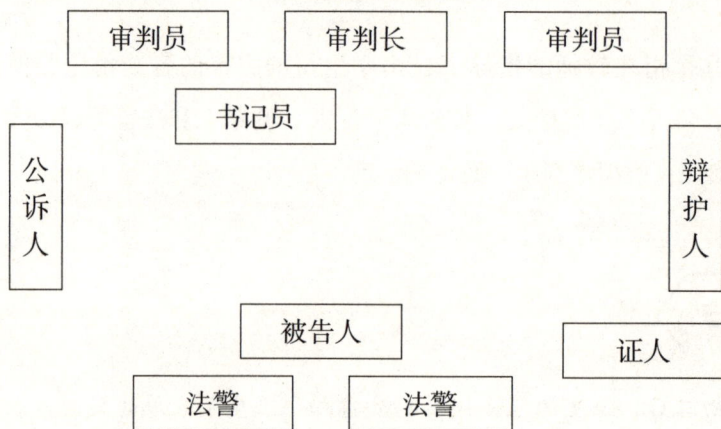

审判员　　　审判长　　　审判员

书记员

公诉人

辩护人

被告人

证人

法警　　　法警

请你说说审判长、审判员、公诉人、书记员、辩护人的职责分别是什么。

法律小讲堂 >>

审判长的职责：

担任案件承办人，或指定合议庭其他成员担任案件承办人；组织合议庭成员和有关人员做好庭审准备及相关工作；主持庭审活动；主持合议庭对案件进行评议，依据合议庭成员多数意见作出裁决；对重大疑难案件和合议庭意见有重大分歧的案件，依照规定程序报请院长提交审判委员会讨论决定；依照规定权限审核、签发诉讼文书；依法完成其他审判工作。

书记员的职责：

办理庭前准备过程中的事务性工作；检查开庭时诉讼参与人的出庭情况，宣布法庭纪律；担任案件审理过程中的记录工作；整理、装订、归档案卷材料；完成法官交办的其他事务性工作。

人民陪审员的职责：

审阅所陪审案件的材料；参加案件调查；参加合议庭开庭审理案件或案件的调解；参加案件评议，不同意见记入笔录，实行少数服从多数的原则，形成合议庭决议。合议庭组成人员意见有重大分歧的，人民陪审员或法官可以要求合议庭将案件提请院长决定是否提交审判委员会讨论决定。

辩护律师的职责：

律师担任刑事辩护人的，应当根据事实和法律，提出证明被告人无罪、罪轻或者减轻、免除其刑事责任的证据和意见，维护被告人的合法权益。

"模拟法庭"审判程序

我们以刑事诉讼为例了解审判程序。

模拟法庭审判程序包括开庭、法庭调查、法庭辩论、被告人最后陈述、评议和宣判五个程序。

开庭：书记员请公诉人、辩护人入庭；宣读法庭纪律；请合议庭入庭，向审判长报告庭前准备活动已经就绪；审判长宣布开庭，请值庭法警带被告人入庭；查明被告人情况；宣布案件来源，起诉来由，是否公开；宣布合议庭和书记员名单；告知诉讼权利。

书记员宣读法庭纪律

法庭调查：是指在抗辩双方和其他诉讼参与人参加下，在审判人员主持下，当庭对案件事实、证据进行调查核实的活动。审判人员宣布进入法庭调查阶段后，先由公诉人宣读起诉书，被告人进行陈述（有无异议）；如有异议，公诉人讯问被告人，辩护人讯问被告人；公诉人举证（包括书证，物证，证人证言，被害人陈述，犯罪嫌

公诉人公诉

辩护人辩护

被告人自行辩护

审判长宣判

疑人、被告人供述和辩解，各类笔录，鉴定意见，视听资料、电子数据等），证人出庭（陈述、公诉人讯问、辩护人询问），辩护人发表质证意见；辩护人举证（证据类型同公诉人），公诉人质证。

法庭辩论：公诉人发表有关被告人定罪量刑的公诉意见书，被告人自行辩护，辩护人就有关被告人有罪无罪、罪名确定、量刑情节发表辩护意见。

被告人最后陈述：法庭辩论后，被告人可以就本案的事实、证据、罪行有无及轻重，对犯罪的认识以及定罪、量刑方面的要求等，作最后的陈述。

评议和宣判：法庭审判的最后程序是评议和宣判。由合议庭对庭审质证的证据进行评议后继续开庭，审判长根据法庭调查、法庭辩论情况和合议庭评议意见，对证据进行评述，认定犯罪构成要件，确定定罪量刑的法律依据，最后由审判长宣读裁判结果。

开展模拟法庭活动，可以帮助我们了解和熟悉法庭审理案件的流程，学习法律知识，增强法律意识，亲身感受法庭的庄严肃穆，见证法律的威严。

探究学苑 》》

12岁男孩使用共享单车发生交通事故致死，责任谁负责?

12岁男孩吕某在上学路上，发现一辆车锁被人拆去的共享单车，随后上路骑行，途中与吕某并排行驶的一辆大型客车突然拐弯，吕某被大型客车卷入车底，经抢救无效后死亡。

吕某父母将肇事方与该共享单车平台告上法庭，起诉至法院，要求赔偿，索赔580万元，并要求共享单车公司收回所有装有不安全车锁的车辆，更换为不可拆除的车锁。

法院公开开庭审理此案。原告请求判令共享单车公司赔偿死亡赔偿金及精神损害赔偿金。同时，请求判令大型客车司机、汽车租赁公司、保险公司赔偿死亡赔偿金以及精神损害赔偿金。

依据上述案例，设计并组织一次"模拟法庭"活动。要求：前期准备工作充分，审判程序完整。

◆ 第三单元 ◆
厉害了，我的国！

有一种感动，叫祖国带我回家，

有一种包容，叫感受中国温度，

有一种元素，叫中国优秀文化，

有一种梦想，叫中华民族复兴。

站在新的历史起点，意气风发的我们大声宣言：勿忘昨天的苦难与辉煌，无愧今天的责任与使命，不负明天的梦想与追求。

第一课
我身在处即是中国

电影《战狼Ⅱ》讲述了一个境外大救援的故事。非洲某国爆发战乱,一位退役的中国特种兵带领众人奋力保护中国公民和当地居民,使大家顺利地撤离战区。在影片结尾,一本中国护照出现在了银幕上,护照上写着这样一句话:中华人民共和国公民:当你在海外遭遇危险,不要放弃!请记住,在你身后,有一个强大的祖国!

其实,真实的中国护照上是没有这句话的,这句话反映了民众对我国政府在维护海外公民权益和安全方面的肯定。但是,中国护照完全有能力、充满自信地对每一位中国公民说:"你的背后,有一个强大的祖国!"

我国政府在维护海外公民权益和安全方面有哪些感人的事迹?我国政府积极维护海外公民权益和安全说明了什么?作为新时代小公民,我们应该怎么做?

中国护照带我"回家"

改革开放以来,尤其是党的十八大以来,我国综合国力不断增强,国际地位不断提升,国际影响力不断扩大,中国参与世界事务的领域不断扩大、方式不断增多。伴随着越来越多中国企业及中国公民走出国门,海外留学生、海外务工人员以及出境游人数每年都在增加,几乎世界上各个角落都能看到中国人的身影。

相关链接 >>>

护照是一个国家的公民出入本国国境、到国外旅行或居留时由本国发给的一种证明该公民国籍和身份的合法证件。护照的英文名称是"passport"。在中国，护照的渊源可以追溯到战国时期。到了清朝，护照有了根据通行证件的证明身份、提请边境关防检查机关予以"保护"和"关照"、给予通行的便利和必要的协助之功能。"passport"一词于1845年首次被译为"护照"，并沿用至今。

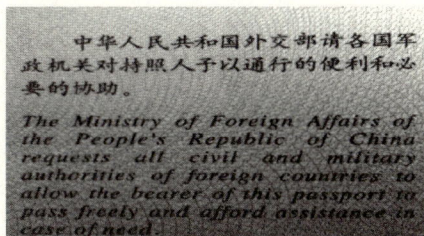

2018年，中国大陆出境游客的人数已经突破了1.49亿人次。护照，作为一个国家公民出入本国国境、到国外旅行或居留时的合法证件，可以说变得极为重要。在国外，我们可以用护照证明国籍身份；遇到麻烦和危险时，可以凭借护照到驻外使领馆请求提供保护；关键时刻，中国护照能够带你"回家"。

相关链接 >>>

据人民网新闻报道，2016年11月，新西兰南岛中部地区发生8.0级地震，距离震中较近的小镇凯伊库变成了一座"孤城"，包括125名中国游客在内的世界各国1000多名游客，被困在震区，随时面临余震和海啸的危险……驻新西兰中国领事馆，联系承包了当地所有的直升飞机，救援中国游客。当时上飞机的要求只有一个：只要你拿的是中国护照！手持中国护照的中国游客，第一时间离开了那座"孤城"。

和平与发展是当今世界的主题，但世界并不太平，地区冲突仍然存在，世界局势持续动荡不安，一些区域性冲突呈现出不断加剧的趋势，海外中国公民的人身及财产安全遇到了新的威胁。在保护海外公民的安全上，我国政府坚持"以人为本，外交为民"的理念，创新外交手段，提升保护海外公民安全的能力。

中国政府制定和出台了一系列保护海外公民的政策和措施，在重大灾害、政局动荡乃至军事冲突发生后，中国政府都会在最短时间内通过多方联动、有条不紊地展开救援，尽最大可能为海外公民及机构提供保护。

● 相关链接 》》

根据中国政府网、中国新闻网、《人民日报》等有关报道，中国政府在海外救援与领保方面，以实际行动维护了中国海外公民的权益。

2011年，中国政府调动182架次中国民航飞机、5艘货轮，动用4架军机，租用20余艘次外籍邮轮，帮助35860名中国公民从利比亚地区安全撤离。

2014年，中国驻外机构受理领事保护和协助案件近6万起，为7万余名海外中国公民提供了领事保护和协助。

2015年3月，也门国内安全形势急剧恶化。许多国家关闭使馆，要求本国公民自行撤离也门。为保护中国公民的人身安全及财产利益不受威胁，中国政府派遣中国海军舰艇编队执行撤离中国公民任务。此次行动是中国首次动用军舰撤侨。中国政府不但将本国公民613人全部撤离也门，同时还协助撤离了巴基斯坦等10个国家在也门的225名侨民。

事实证明，我们党和政府保护海外公民的积极举措不仅保障了在海外的中国公民的生命和财产安全，还展示了中国作为一个世界大国的责任和担当，体现了党和国家保护海外公民的决心和执政水平的提升。同时，在尊重其他国家利益的基础之上，还对其他国家受困人员施以援助之手，在救援行动上一视同仁，进一步弘扬了中国政府所倡导的人类命运共同体的国际观。

探究与分享 >>

近年来中国护照的含金量随着中国国力的增强而不断提升，让同胞在海外更舒心、更安全，是中国外交义不容辞的职责。

——王毅

中国护照含金量不断提升依靠的是什么？含金量提升的中国护照又能给我们每个公民带来什么影响？

国家许我以信心　我许国家以未来

凡有权利，必有相当之义务。人民享受国家保护之权利，则对于国家必有相当之义务。人民对国家之义务在不同时代、不同时期会有不同的侧重表现。

近代中国，国力衰弱、内忧外患，中国人民经历了战乱频仍、山河破碎、民不聊生的深重苦难。实现民族独立、国家富强成为无数志士仁人不屈不挠、前仆后继的追求，也成为国人对于国家应尽的义务。中国共产党作为中国工人阶级的先锋队及中国人民和中华民族的先锋队，义无反顾地肩负起了实现中华民族伟大复兴的历史使命。近代以来，中国共产党团结带领全国人民，经过革命、建设和改革，使中华民族站了起来，富了起来，强了起来。

相关链接 >>

从1947到2017年，我国工业年总产值从140亿元增长到1104026.70亿元，工业产品中的钢从15.8万吨增长到7.71亿吨，原煤从3200万吨增长到35900万吨，年发电量从43亿千瓦时增长到5329亿千瓦时。铁路交通里程由2.1万公里增加到

12.4万公里；高速铁路运营里程由0公里增加到2.2万公里，稳居世界第一。公路里程由8.07万公里增加到477.3万公里，其中高速公路里程为13.1万公里，位居世界第一。民航由无到有，定期航班航线里程达748.3万公里。

当今中国，经过中华人民共和国成立以来70多年的发展取得了巨大成就。国内生产总值稳居世界第二，经济实力、科技实力、国防实力、综合国力进入世界前列。如今我国国力强盛，人民幸福。国家富强，需要你我共同担当。习近平总书记在党的十九大报告中指出："今天，我们比历史上任何时期都更接近、更有信心和能力实现中华民族伟大复兴的目标。"在中华民族伟大复兴的关键节点上，你我应该如何贡献自己的力量？如何尽一个公民对于国家应尽的义务？

阅读感悟 》》

国际知名战略科学家黄大年，在英国生活了18年，曾经住在剑桥大学旁边的花园别墅里，妻子还经营着两家诊所。2009年，他放弃了海外优越的条件和待遇，毅然回国。在回国后7年左右的时间里，为了让相关科研水平更快提高，他夜以继日地工作，最后累倒在了工作岗位上。这位放弃海外优越生活、把生命奉献给国家的科学家，用毕生努力实现了爱国之情、强国之志、报国之行的统一，是当代海归赤子科技报国的楷模。

黄大年的哪些优秀品质值得我们学习？

梁启超在《少年中国说》中说过："少年智则国智，少年富则国富，少年强则国强，少年进步则国进步。"青少年是国家的未来，青年兴则国家兴，青年强则国家强。实现中国梦是全国各族人民的共同理想，也是青年一代应该牢固树立的远大理想。梦想从学习开始，青少年是学习的黄金时期，我们必须从现在做起、从自己做起，努力学习，掌握本领，长大后才可为祖国建设添砖加瓦。

阅读感悟 》》

为天地立心，为生民立命，为往圣继绝学，为万世开太平。　　——张载

天下兴亡，匹夫有责。　　　　　　　　　　　　　　　　——顾炎武

为中华之崛起而读书。　　　　　　　　　　　　　　　　——周恩来

探究学苑 》》

1. 通过访谈、网络或查阅书籍等途径，从工业、交通、通信、生活等方面，选取一个角度，整理1949年中华人民共和国成立以来特别是改革开放以来的巨大变化，制作PPT，在课上与大家一起分享。

2. 开展"祖国未来——我的责任"主题演讲活动，撰写一篇演讲稿。

第二课
"一带一路"助推梦想

中央电视台对"一带一路"倡导的共建原则和战略理念进行聚焦，制作了公益广告《共创繁荣》。广告以国外流行的分屏方式，用对仗的构图来表达同一画面、两个世界的寓意，把不同空间的两个世界演绎得淋漓尽致。（中国）小男孩手持玩具火车，玩具火车顺着轨道冲了出去，变成了（沙特阿拉伯）麦加轻轨；（希腊）小女孩手拿玩具船轻轻一推，小船顺着水漂了出去，变成了在大海上航行运输的货船……

什么是"一带一路"？在全球化发展的今天，"一带一路"给我们带来了什么？

古代丝绸之路

2000多年前，我们的先辈筚路蓝缕，穿越草原沙漠，开辟出连通亚欧非的陆上丝绸之路；我们的先辈扬帆远航，穿越惊涛骇浪，闯荡出连接东西方的海上丝绸之路。古代丝绸之路打开了各国友好交往的新窗口，书写了人类发展进步的新篇章。

探究与分享 〉〉

1984年，陕西石泉县谭家湾农民谭福全在河水中淘金时，淘到一条金光灿灿的蚕，经专家鉴定为汉代鎏金铜蚕。据《石泉县志》记载，此地古代养蚕之风盛行，加之鎏金工艺的发展，因而有条件以鎏金蚕作纪念品或殉葬品。西汉丝织品不仅畅销国内，而且能途径西亚行销中亚和欧洲。中国通往西域的商路以"丝绸之路"驰名于世界。

1998年，印度尼西亚苏门答腊海域勿里洞岛的一些渔民，在海中发现一艘沉没的古船。经专业打捞公司的打捞，6万多件珍贵文物从海底"浮出"，以湖南长沙窑的瓷器为主，还有河北邢窑白瓷、河南巩县的白釉绿彩瓷和浙江越窑的青瓷等。另外，船上还有30多件铜镜、30件金银器和18件银锭。这艘名为"黑石号"商船打捞的突出意义，就在于它证实了中国与西亚之间确实存在着一条古代海上丝绸之路。

——摘自《人民日报》

搜集关于丝绸之路的历史故事，说一说丝绸之路的开辟是如何促进东西方经济文化交流的。

丝绸之路是起始于古代中国，连接亚洲、非洲和欧洲的古代商业贸易路线，最初的作用是运输中国古代出产的丝绸、瓷器等商品，后来成为东方与西方之间在经济、政治、文化等诸多方面进行交流的主要道路。丝绸之路从运输方式上，主要分为陆上丝绸之路和海上丝绸之路。

探究与分享 》》

2013年9月7日，习近平主席在哈萨克斯坦纳扎尔巴耶夫大学发表题为《弘扬人民友谊，共创美好未来》的重要演讲。首次提出共同建设"丝绸之路经济带"的重大倡议。

2013年10月3日，习近平主席在印度尼西亚国会发表题为《携手建设中国—东盟命运共同体》的重要演讲。中国愿在平等互利基础上扩大对东盟国家的开放，提高中国—东盟自由贸易区水平。中国致力于加强同东盟国家互联互通建设，愿同东盟国家发展海洋合作伙伴关系，共同建设21世纪"海上丝绸之路"。

交流"一带一路"倡议自提出以来所发生的重要事件，思考"一带一路"倡议的时代背景是怎样的。

"一带一路"倡议

"一带一路"分别指的是丝绸之路经济带和21世纪海上丝绸之路。

"一带一路"贯穿亚欧非大陆，一头是活跃的东亚经济圈，一头是发达的欧洲经济圈，中间广大腹地国家经济发展潜力巨大。丝绸之路经济带有三条重点线路：中国经中亚、俄罗斯至欧洲（波罗的海）；中国经中亚、西亚至波斯湾、地中海；中国至东南亚、南亚、印度洋。21世纪海上丝绸之路重点方向是从中国沿海港口过南海到印度洋，延伸至欧洲；从中国沿海港口过南海到南太平洋。"一带一路"地区覆盖总人口约46亿（超过世界总人口的60%）。"一带一路"是促进共同发展、实现共同繁荣的合作共赢之路，是增进理解信任、加强全方位交流的和平友谊之路。

探究与分享 >>

2019年4月2日上午，中欧（青岛—明斯克）国际班列鸣笛启航，搭载货值5000余万元的发动机配件、太阳能组件等，缓缓驶出山东胶州上合示范区多式联运中心，将途经二连浩特口岸到达白俄罗斯首都明斯克，全程历时约22天。

据统计，2018年，中国—上海合作组织地方经贸合作示范区多式联运中心累计完成集装箱作业量53.6万标箱，从胶州始发的中欧班列集装箱运量占全省的81%，班列从国家级多式联运示范物流园区驶向风景如画的"一带一路"沿线国家，架起了互联互通的桥梁，结成了经贸往来的纽带。2019年，集装箱作业量将突破65万标箱。

——摘自中国一带一路网

了解青岛市融入"一带一路"建设取得的巨大成就，思考"一带一路"建设对我国经济社会发展有哪些重要作用。

开放包容　互利共赢

改革开放以来，我国对外开放取得了举世瞩目的伟大成就，但受地理区位、资源禀赋、发展基础等因素影响，对外开放总体呈现东快西慢、海强陆弱的格局。

"一带一路"将构筑新一轮对外开放的"一体两翼"，在提升向东开放水平的同时加快向西开放步伐，助推沿边和内陆地区对外开放水平。遵循和平合作、开放包容、互学互鉴、互利共赢的丝路精神，我国与沿线各国在交通基础设施、贸易与投资、能源合作、区域一体化、人民币国际化等领域深度合作。通过加强与"一带一路"沿线国家和地区的合作，我国的对外开放将变得更加平衡、更加可持续，形成真正的全方位对外开放新格局。

阅读感悟 》》

2003年，13岁的古拉卜来到伊斯兰堡打工。几经周折，在乡友的资助下终于开起了自己的餐馆。起初并没有什么特别之处，但与中国人结缘后，生意便开始红火起来。

古拉卜回忆道："刚开始只有周末时，才有华为的员工或留学生来就餐，中国客人的规模不大，我坚持听取中国客人的意见，并学会了简单的汉语，集聚了不少'中国资源'。"当以前的老店不堪重负时，古拉卜斥资启动了一家新的餐馆。"所有准备做好后，我邀请所有认识的中国朋友，请他们来捧场，最终约有200多人到场，这也成为我生意的转折点。"古拉卜笑着说。

现在，餐馆平均每天要消耗约30只羊，高峰时期达到40只。即使正值盛夏，每天仍至少需要25只。古拉卜说："走廊建设开展以来，中国客人上涨了90%。我每月还会带上团队定期前往拉合尔等地，为工作在那里的中国朋友提供上门服务。"餐馆的生意越做越红火，这是中巴经济走廊建设带来的实实在在的收益。他相信，走廊建设也将为更广泛的巴基斯坦人民创造更多、更好的发展机遇。

——摘自环球网

交流"一带一路"倡议给沿线国家地区人民生活带来深刻变化的故事，感受中国倡议推动着"世界梦想"的实现。

　　"一带一路"倡议植根于丝绸之路的历史土壤，是连接"中国梦"和"亚洲梦""欧洲梦""非洲梦"的纽带，是实现沿线国家人民对美好生活共同追求的圆梦倡议。对于世界许多国家来说，参与"一带一路"，就是与机遇对接，特别是有助于搭上中国快车，享受合作共赢之利。"一带一路"就是要继承和复兴古老的丝绸之路精神，把合作共赢理念体现到政治、经济、安全、文化等各方面，以合作取代对抗，以共赢取代独占。"一带一路"建设顺应了时代要求和各国加快发展的愿望，使中国发展与相关国家和地区发展紧密联系起来，形成共同繁荣的"命运共同体"，有助于增进地区和世界的繁荣、稳定、和平与发展。

相关链接 》》

　　2013年秋，习近平总书记提出共建"一带一路"倡议，经过夯基垒台、立柱架梁的5年，共建"一带一路"正在成为我国参与全球开放合作、改善全球经济治理体系、促进全球共同发展繁荣、推动人类命运共同体的中国方案。截至2018年底，中国已累计同122个国家、29个国际组织签署了170份政府间合作文件，"一带一路"朋友圈遍布亚洲、非洲、欧洲、大洋洲、拉丁美洲。目前，我国港口已与200多个国家、600多个主要港口建立航线联系，海运互联互通指数保持全球第一。2013—2018年，中国与"一带一路"沿线国家进出口总额达64691.9亿美元，为当地创造了24.4万个就业岗位，新签对外承包工程合同额超过5000亿美元，建设境外经贸合作区82个，对外直接投资超过800亿美元，上交东道国税费累计20.1亿美元。

——摘自中国一带一路网

探究学苑 》》

"一带一路"梦想故事会

　　2000多年前，亚欧大陆上勤劳勇敢的人民，探索出多条连接亚非欧文明的贸易和人文交流通路,后人将其统称为"丝绸之路"。千百年来,"和平合作、开放包容、互学互鉴、互利共赢"的丝绸之路精神薪火相传,推进了人类文明进步,是东西方交流合作的象征,是世界各国共有的历史文化遗产。为了进一步在青少年中传承和弘扬丝绸之路精神,班级举行"一带一路"梦想故事会。

故事要求:

1. 内容真实、感情真切、健康积极、细节清晰,以叙事为主、抒情为辅,有较完整的故事情节。

2. 尽量体现故事主人公所在国家、地区的人文特色。

第三课
中国文化惊艳世界

2017年2月4日下午，岛城某中学书法班学生应邀参加了美国亚利桑那州图森市的"新春唱响和谐之声"春节晚会，为美国观众呈现了一场来自中国的书法艺术盛宴。

该校学生现场挥毫泼墨，为到场观众书写了春联以及行书、草书等各种字体的"福"字，展现了中华传统文化，受到了美国朋友的喜爱。在以"茉莉芬芳"为主题的书法艺术展演中，学生们身穿汉服，伴随着优美的古筝旋律，裙裾飘飘，笔如游龙，把全场观众带入了中华艺术的殿堂。全场掌声雷动，经久不息。

现场观众纷纷竖起大拇指："中国的书法艺术太震撼了！"学生王凯在接受美国记者采访时说："我们没有想到美国人对中国文化如此感兴趣，这次到美国来弘扬中华传统文化非常有意义。"

这次岛城学生走进美国的活动给你带来怎样的感受？了解中国文化走出去的含义和途径。

中国文化走向世界

中国文化走出去是以提升中国文化软实力、扩大中国文化的影响力和辐射力为目标，通过政府的文化外交和企业的产业运作等多元主体推动的保护中国文化特色、塑造中国文化品牌、传播中国品牌形象的过程。中华文化内涵丰富，许多文化形式如医学、饮食、武术、民间工艺等，在国际上都极具魅力和吸引力。中国文化走出去在弘扬中华优秀文化、传播中国核心价值理念的同时，也将提高我国文化开放水平，有助于将各国的优秀文化"请进来"，让人类文明精粹为我所用。

中国文化走出去主要有三种方式：一是对外文化交流，建设海外中国文化中心，在国外组织开展各类中国文化品牌活动，参与各种文化交流等；二是对外文化贸易，利用国际化平台，依托国际销售渠道输出具有中国特色的文化产品，包括新闻出版类、广播影视类（电影、电视等）、文化艺术类（杂技、戏曲、歌舞、武术等演艺项目）和综合服务类等；三是对外文化投资，主要包括直接投资和海外并购两种方式。

探究与分享 》》

继2003—2005年中法互办文化年、2006年中国举办"意大利年"、2007年中国举办"西班牙年"和西班牙举办"中国艺术节"之后，2009—2010年中俄两国互办语言年。2010年以来，我国还与德国、加拿大、卡塔尔、埃及、多哥以及部分拉丁美洲国家等举办过文化交流年活动。

2017年全国文化及相关产业增加值达35462亿元，在GDP中所占的比例达4.29%。文化产业保持两位数增长速度，高于同期经济增速，但距离成为国民经济支柱产业的目标仍有一段距离。我国文化产业在世界文化市场中所占比重不足5%，而美国则占了42%，美国文化产业在其国家GDP中所占的比例已经达到25%。

想一想：我国文艺创作还有哪些突出的成就？我国文化产业与美国的差距说明了什么问题？

中国文化影响深远

推动中华文化走出去，是增强国家文化软实力、在综合国力竞争中赢得主动的迫切需要。近年来，我国文化对外直接投资呈不断增长态势，但总体而言，中华文化的国际影响力与我国世界第二大经济体的国际地位还不相称。要在新的国际竞争中赢得主动，必须不断提高文化开放水平，加快推动中华文化走出去，尽快形成与经济发展水平和大国地位相适应的国家文化软实力。

阅读感悟 》》

外国青年看中国

"看中国·外国青年影像计划"从2011年启动至今，已有来自新加坡、泰国、印度、美国、英国、俄罗斯、捷克、塞尔维亚、罗马尼亚等41个国家的外国青年成功参与。

9年前的这一幕，让"看中国·外国青年影像计划"项目创始人、北京师范大学资深教授黄会林记忆犹新。

当飞机降落在北京首都国际机场T3航站楼，美国波士顿大学的一名学生惊讶地问："你们怎么会有这么现代的机场？"很多外国青年都像那位美国学生一样，发出了惊讶和感叹！

"一定要亲眼观看、亲手触摸中国"，翻阅的书页、舞台上的表演、影院的大银幕、24小时不间断的讯息……透过"看中国"，外国青年寻找着自己眼中的中国故事，也寻找着故事中超越语言和信仰、最为心灵相通的部分。

尽管今天的地球越来越"平"，但新闻、图书、影视等媒介为他们带来的认知，与真实中国还远远不匹配。从想象中国到走进中国，不仅要跨越大江大海的阻隔，更需要缩短心与心的距离。

你是如何理解"一定要亲眼观看、亲手触摸中国"这句话的？

推动中华文化走出去，是营造良好外部环境、塑造良好国家形象的战略选择。面对中国的综合国力不断增强，国际上也出现了一些不和谐的论调，如："中国威胁论""资源掠夺论""中国崩溃论"等。要为我国的和平发展创造良好的国际舆论环境，充分展示我国的大国形象，就必须借助文化走出去战略，以东方人对东方的理解和话语方式表达自我，建构文化世界的自我形象。

阅读感悟 >>

中国工程院院士张伯礼表示："中医药走向世界是时代需求，不是我们强行向海外推广中医药，而是世界范围内对中医药的迫切需求。"

截至目前，中医药已传播到全球183个国家和地区。有103个会员国认可使用针灸，其中设立传统医学法律法规的有29个国家，将针灸纳入医疗保险体系的有18个。多种中药在俄罗斯、古巴、越南、新加坡、阿联酋等国以药品形式注册。中医已逐步进入国际医药体系。

你是如何看待"中医药走向世界是时代需求，是世界范围内对中医药的迫切需求"的？

推动中华文化走出去，是促进各国文化交流互鉴、维护人类文明多样性的必然要求。要增强民族文化自信，就需要中国文化走出去，在世界上与其他民族文化相比较、鉴别，然后吸收精华，去除糟粕，提升自己。回望历史，古代丝绸之路带出去的不仅有精美的丝绸和瓷器，更有灿烂的中华文化。因此，坚定不移地推动中华文化走出去，积极参与世界文明对话与交流，也有利于丰富人类文明色彩，让世界人民共享丰富多彩的精神生活。

文化立世，文化兴邦。国内国际发展形势，需要我们以更加积极的姿态融入世界文化发展当中，不断提高文化走出去战略水平。在文化开放的形势下，我们青少年应该树立平等、开放、参与的国际意识，全面提高自身素质，为将来的文化开放事业做好准备。

探究学苑 >>

中国寻根，海外传承

在"中国寻根之旅"夏令营南京营中，150名来自5个国家的海外华裔青少年在浦口区行知基地学习了中国茶艺、书法、剪纸、陶艺、篆刻、成语等8门课程。同时，他们还可选修中国象棋、功夫扇、扯铃、丝网印刷等课程。

"卧似一张弓，站似一棵松，不动不摇坐如钟，走路一阵风……"伴着《中国功夫》的背景音乐，10多名孩子跟着老师学太极功夫扇。以茶会友、以茶养性、以茶作诗、以茶制药……茶艺课上，孩子们不仅观看了茶叶"杀青"的过程，还知道了中国茶文化的内涵，不由叹为观止！

方宇晨告诉记者，他生在美国、长在美国，但根仍在中国。尽管父母已经在美国生活了25年，但在家里，他和父母之间都说中文。这次在南京的行知基地，他探寻到了中国文化的根源和血脉。回美国后，他将努力做一名中国文化的传承人。

如果你们学校要去国外某中学进行学习和交流，你打算向国外中学推介哪些中国传统文化？为此，你所在的班级决定举办一次中国传统文化活动展，旨在弘扬中国传统文化。请做好分工，以小组为单位写一份活动策划书。

第四课
让世界感受中国温度

2017年8月28日至9月2日，中央电视台播放了六集大型政论专题片《大国外交》，同学们从专题片中听到了这样的声音：

——习近平曾笑谈《时间都去哪儿了》，他幽默地说："每次用这么多时间出访很'奢侈'，但很有必要。"

——一位研究中国方向的俄罗斯学者，不无感慨地向习近平"诉苦"："课题任务太繁重了，研究速度始终追不上中国外交的步子。"

——一位外国元首见到习近平时自豪地透露："周边国家纷纷来打听，是靠什么魅力请来了中国。"

——津巴布韦总统穆加贝在聆听习近平宣布中非合作十大计划后，激动不已："过去殖民者给非洲带来灾难，现在中国给非洲带来了新生。如果当年的殖民者有耳朵，请他们也听听习主席的讲话！"

…………

中国成功地走出了一条什么样的特色大国外交之路？面对人类社会正在经历的深刻复杂变化，中国将为世界带来什么？

在中国同世界关系深刻变化、中华民族进入伟大复兴关键阶段的历史时期，以习近平同志为核心的党中央科学把握世界大势，积极推进外交理论和实践创新，成功走出了一条中国特色大国外交之路。随着中国日益走近世界舞台中心，具有大国特色、大国风格和大国气度的中国外交正阔步向前，激荡世界。

探究与分享 》》

中国的维和行动始于1992年。至今，中国维和官兵累计在全球新建、修复道路1.6万余公里，排除地雷及各类未爆炸物9800余枚，接诊病患者超过20万人次，运送各类物资器材135万吨，运输总里程达1300万公里。目前，中国军队共有2500余名官兵在联合国7个任务区及维和部执行维和任务。中国是联合国安理会常任理事国中第一大出兵国，是联合国维和行动的主要出资国，所做贡献和努力得到了国际社会的普遍赞赏。

——摘自中国新闻网

查阅中国近期参与了哪些国际事务的重要活动？中国作为一个负责任大国是如何表现的？

维护世界和平

我国始终不渝地奉行独立自主的和平外交政策，在解决国际争端和地区冲突、打击恐怖主义、应对气候变化、履行国际义务等方面做出了积极贡献，在当今世界树立起了一个负责任大国的形象。我国在国际事务中发挥着日益重要的作用，重大国际问题的解决越来越离不开中国的参与。

探究与分享 》》

改革开放40多年来，我们始终坚持以经济建设为中心，不断解放和发展社会生产力。我国国内生产总值由3679亿元增长到2019年的近100万亿元，年均实际增长9.5%，远高于同期世界经济2.9%左右的年均增速。我国国内生产总值占世界生产总值的比重由改革开放之初的1.8%上升到15.2%，多年来对世界经济增长贡献率超过30%。我国货物进出口总额从206亿美元增长到超过4万亿美元，累计使用外商直接投资超过2万亿美元，对外投资总额达到1.9万亿美元。现在，我国是世界第二大经济体、制造业第一大国、货物贸易第一大国、商品消费第二大国、外资流入第二大国，我国外汇储备连续多年位居世界第一，中国人民在富起来、强起来的征程上迈出了决定性的步伐！

——摘自人民网

我国对世界经济的发展发挥着怎样的作用？

促进共同发展

中国的发展离不开世界，世界的繁荣也离不开中国。今天，中国经济已成为世界经济持续增长的重要引擎。我国人口众多，居民收入不断增长，消费需求旺盛，市场潜力巨大，是世界商品的销售市场；我国经济规模大、发展快，是世界资本的重要投资场所。随着我国经济的快速发展，对外投资和商品出口不断增长，中国经济在世界经济中的分量将进一步增大。中国吸引世界，世界关注中国。

相关链接 〉〉

2017年1月18日，习近平主席在联合国日内瓦总部发表题为《共同构建人类命运共同体》的重要演讲，全面深入系统阐述人类命运共同体重大理念，提出了构建人类命运共同体、实现共赢共享的中国方案，在国际上引起热烈反响，受到各方普遍欢迎和高度评价。构建人类命运共同体，关键在行动。要坚持对话协商，建设一个持久和平的世界；坚持共建共享，建设一个普遍安全的世界；坚持合作共赢，建设一个共同繁荣的世界；坚持交流互鉴，建设一个开放包容的世界；坚持绿色低碳，建设一个清洁美丽的世界。

世界好，中国才能好；中国好，世界才更好。面对各国对中国政策走向的关切，习主席坦诚回应：中国维护世界和平的决心不会改变，中国促进共同发展的决心不会改变，中国打造伙伴关系的决心不会改变，中国支持多边主义的决心不会改变。

构建人类命运共同体

宇宙只有一个地球,人类共有一个家园。纵观近代以来的历史,建立公正合理的国际秩序是人类孜孜以求的目标。中国将高举和平、发展、合作、共赢的旗帜,恪守维护世界和平、促进共同发展的外交政策宗旨,坚定不移地在和平共处五项原则基础上发展同各国的友好合作,推动建设相互尊重、公平正义、合作共赢的新型国际关系。中国秉持共商共建共享的全球治理观,倡导国际关系民主化,坚持国家不分大小、强弱、贫富一律平等,支持联合国发挥积极作用,支持扩大发展中国家在国际事务中的代表性和发言权。中国将继续发挥负责任大国作用,积极参与全球治理体系改革和建设,不断贡献中国智慧和力量。

活动在线 >>

查阅新闻资料,交流中国在应对气候变化,保护好人类赖以生存的地球家园方面做出了哪些突出的贡献?

探究与分享 >>

2019年6月9日,习近平主席出席上海合作组织青岛峰会欢迎宴会并致祝酒辞。习近平表示:在"上海精神"引领下,上合组织不仅在安全、经济、人文等合作领域取得了丰硕成果,在机制建设方面也迈出了历史性步伐。如今,上海合作组织拥有8个成员国、4个观察员国、6个对话伙伴,是维护地区安全、促进共同发展、完善全球治理的重要力量。让我们以青岛峰会为新的起点,高扬"上海精神"的风帆,齐心协力,乘风破浪,共同开启上海合作组织发展新征程!

了解党的十八大以来,中国主办的大型主场外交活动有哪些,每次活动取得了哪些重要成果。

党的十八大以来,中国外交锐意进取、砥砺前行,成功主办亚太经合组织领导人北京会议、二十国集团领导人杭州峰会、"一带一路"国际合作高峰论坛、金砖国家领导人厦门会晤等一系列主场外交活动，以主场外交为契机，发出中国声音，阐述中国方案，贡献中国智慧。

历史一再告诉世人，中国人民热爱和平，渴望发展，中国过去、现在和将来都是维护世界和平、促进共同发展的最坚定的力量。我国坚定不移地走和平发展道路，既通过维护世界和平发展自己，又通过自身发展维护世界和平。

探究学苑 〉〉

开展"模拟联合国大会"活动

过去几十年，人类在保护环境方面取得了一定成绩，然而全球环境形势依然十分严峻。消除环境问题对环境、经济、社会的影响，已经成为全体人类的共同责任和义务。班级开展模拟联合国大会活动，以"环境形势严峻，推进全球环境保护刻不容缓"为主题，推选各国代表进行发言。

活动要求：

1. 代表自我介绍，作为某国代表，就大会主题，用汉语或英语阐述"本国"立场和举措。

2. 代表发言的内容科学，充满感情，代表要衣着得体，举止优雅，从容自信。